Erde und Licht

WerkstattBibel 7

Herausgegeben von
Bibelpastorale Arbeitsstelle SKB, Zürich
wtb. Deutschschweizer Projekte Erwachsenenbildung, Zürich

Redaktionskreis
Dieter Bauer, Brigitte Schäfer, Angela Wäffler-Boveland, Peter Zürn

Band 7

Regula Grünenfelder
Bernd Lenfers Grünenfelder

Erde und Licht

Mit dem Johannesevangelium auf den Spuren unserer Lebenswünsche

Verlag Katholisches Bibelwerk

www.bibelwerk.de

Umschlaggestaltung: ABSICHT AG, Stuttgart
Druck: J.F. Steinkopf Druck GmbH, Stuttgart

ISBN 3-460-08507-X

Inhaltsverzeichnis

III. Bibelarbeiten

Vorwort

Wandlung, Veränderung und Transformation sind alltägliche Erfahrungen. Wir verändern uns selber im Wachsen und Älterwerden, erleben den Wandel der Natur in den Jahreszeiten und müssen mit rasanten technischen, wirtschaftlichen und politischen Transformationen zurechtkommen. Wandlungsrituale markieren und gestalten Übergänge. Sie helfen zu klären, was uns wichtig ist. Und da sie sinnlich und konkret sind, können unsere großen Wünsche an das Leben – Gerechtigkeit zum Beispiel, Frieden und Brot für alle – in ihnen Fleisch werden. In einer schnelllebigen Zeit müssen wir unsere Wandlungskraft entwickeln und gestalten, damit wir fähig bleiben oder werden, dem Wandel eine Richtung zu geben: Mensch sein.

Das Johannesevangelium erzählt Wandlungsgeschichten. Menschen treten – oder fallen! – aus ihrem Alltag heraus und stellen sich den Fragen am Übergang: Welches Wort ist schöpferisch? Wessen Brot nährt wirklich? Was ist das Licht der Welt?

Unser Leben ist konkret: Beruf und Arbeit, Familie und Freundschaften, Nachrichten aus aller Welt, Gegenstände, mit denen wir uns umgeben. Konkret, ob bewusst oder unbewusst, prägt uns auch das Ganze, das Lebensziel, auf das hin wir leben, oder das wir vermissen. Im Einzelnen und Konkreten kann sich das Ganze zeigen. Und in der Ausrichtung auf das Ganze kann das Einzelne sinnvoll, klar und nährend werden.

Seit bald zweitausend Jahren lassen sich Menschen vom Johannesevangelium herausfordern, mit Wort und Wasser und Brot und Licht umzugehen wie mit Christus. Sie lassen es zu, dass sich das Alltägliche wandelt zur Begegnung mit dem Auferstandenen. Sie lassen sich darauf ein, dass sich in ihrem Alltag Auferstehung ereignet.

Wir möchten Sie einladen, Ihrem Wandlungspotential zu trauen. Lassen Sie sich mit einer klaren Wandlungsabsicht auf das Buch ein, in einer Gruppe oder für sich selber. Im vierten Evangelium wird groß genug und konkret genug gewünscht: Zum Beispiel *lebendiges Wasser*. Die Überraschung gehört dazu: Sicherlich wandelt sich nichts genau so, wie Sie es erwarten. Wir lernen ja immer wieder neu, was uns nährt und klärt.

Wir danken den Kindern und Jugendlichen, Frauen und Männern, mit denen wir diese Rituale feiern konnten. Ein Dank geht auch an die Herausgeberinnen und Herausgeber der Reihe, Christa Breiing und Sabine Bieberstein für wertvolle Hinweise und Korrekturlesen. Danke sagen wir Selina Zimmermann, Gerda Brugger und Erika Scherrer, die gut zu unseren Kindern geschaut haben, wenn wir gemeinsam am Buch arbeiteten.

Wir widmen das Buch dem Friedensprozess in Jerusalem mit dem Wunsch, dass diese Stadt wird, was sie immer schon ist: Friedensstadt für die Menschheit.

Greppen, an Ostern 2004

Regula Grünenfelder
Bernd Lenfers Grünenfelder

I. Teil

Bibeltheologische Einführung

1 Der Weg des Wortes ins Leben

Biblische Geschichten spiegeln ihren Lesern und Hörerinnen seit Jahrtausenden Alltage und Feste, Enttäuschungen und Freude, Einklang mit dem Leben und Entrüstung über das Leben. Wenn wir in die Bibel hineinschauen, dann sehen wir etwas von uns.

Die Bibel spiegelt uns etwas von uns, was wir selber nicht so genau kennen, weil es im Entstehen ist. Sie spiegelt unsere Wünsche an das Leben und unsere Freude. Sie erschließt uns Möglichkeiten, genauer leben zu lernen.

Das bedeutet, dass die Bibel uns, unsere Lieben, Vorlieben und unsere Alltage nur bedingt bestätigt. Sie ist Herausforderung und Hineinforderung zugleich: Die Bibel fordert uns heraus, verhängte oder selbst auferlegte Sachzwänge wahr zu nehmen, und fordert uns neu und radikaler ins Leben hinein. Sie lässt uns nicht nur den Skandal des Hungers in der Welt sehen – sie gibt uns Worte, die Vision des Brotes für alle zu hören und zu leben (Joh 6). Sie lässt uns nicht im Erschrecken über Krieg und Gewalt – sie zeigt mit einem einfachen Satz, dass anderes möglich ist: «Niemand lernt mehr für den Krieg» (Micha 4,3).

Die meisten Menschen begegnen biblischen Geschichten am Rand des Alltags: In der Liturgie, in einem Glaubensseminar, in einer stillen Stunde daheim oder vielleicht auch in einem sozialen oder politischen Einsatz. Diese Lese-, Erzähl- und Erfahrungsräume bringen uns in Distanz und in eine neue Nähe zu uns selber. Die großen Wünsche an das Leben – Frieden, Gerechtigkeit, genug Brot für alle –, die im geschäftigen Alltag unter die Räder geraten, kommen ans Licht, entwickeln Kraft.

Am Rand des Alltags und offen für diese ungeahnten Möglichkeiten des Lebens entsteht ein Wandlungsraum. Das Johannesevangelium und andere biblische Schriften erzählen, wie Menschen anfangen, diese großen Wünsche zu leben. Die AutorInnen wollen die LeserInnen und ZuhörerInnen in die Verwandlung hinein nehmen. So ist auch diese Einführung angelegt: Die w-Fragen (wer hat was wann und wo geschrieben …) werden nicht isoliert beantwortet. Ein Text- und Geschichtsverständnis, das im Kontakt zur eigenen Wandlung ist, entsteht im Mitgehen auf dem «johanneischen» Weg des Schöpfungswortes in und durch die Welt.

2 Das Wort wird Fleisch

Im *Prolog*, dem Vorwort zum Johannesevangelium, lesen wir vom Wort, das bei Gott ist – vom Wort, das Gott ist. Wir erinnern uns: Gott hat die Schöpfung ins Leben gerufen und «gut» dazu gesagt (Gen 1,1 - 2,4a). Dann gerät dieses Urwort in Bewegung. Auf seinem *Weg in die Welt* wird es zum *Licht für die Welt*. Erst später im Text wird es Fleisch – genau dort, wo es *unter uns wohnt* und *von uns gesehen* wird (Joh 1,14). Erst in Beziehung wird das Wort Fleisch. In der Begegnung wird es sinnlich und leiblich. Davon handelt dann das ganze Evangelium.
Wie jedes Vorwort weist auch der Johannesprolog über sich hinaus. Er enthält das ganze Evangelium schon im Keim. Der Prolog ist deshalb, sagt die antike Rhetoriklehre, der Schlüssel zum weiteren Text. Das ganze Johannesevangelium entfaltet also, wie das schöpferische Gotteswort Fleisch wird unter *uns*, und was Menschen in der Begegnung mit dem fleischgewordenen Wort geschieht.
Der Autor des Johannesevangeliums sagt das, was Fleischwerdung bedeutet, wer dieser Jesus Christus ist und was die Begegnung mit ihm ausmacht, nicht in Lehrsätzen. Er spiegelt in Geschichten, was «glauben» für Menschen bedeuten könnte, die mit diesem fleischgewordenen Wort Gottes den Kontakt wagen.
Wer Christus ist, sagt «Johannes» – so nennen wir den Autor mit der alten Kirche – in Wandlungsgeschichten. Johannes verknüpft sie mit handgreiflichen Gegenständen: Brot, Licht, Hirte, Tür. Im Kontakt mit ihnen kann das Geheimnis des Lebens lebendig werden. Christus ist, sagt Johannes in immer neuen Bildern, nicht außerhalb von uns Menschen, sondern die Wandlungskraft und das schöpferische Leben in uns selber, in unseren Beziehungen, Alltagen, wirtschaftlichen, religiösen, sozialen und politischen Verflechtungen, in der materiellen Welt um und in uns.

Das Evangelium als Spiegel im Raum der Wandlung

Das Johannesevangelium erzählt von einem Wandlungsweg. Begegnungen werden aneinander gereiht, in denen Menschen aus den gewohnten Abläufen heraustreten. Etwas an ihnen oder ein Gegenstand in ihren Händen wird plötzlich klar. Wasser, Brot, Licht, ein Hirte oder ein Weg werden zum Sakrament. Sie sind, was sie bezeichnen: Lebensfülle im Hier und Jetzt.

Die kurzen Worte von Licht, Wasser und Brot, dem guten Hirten, dem Weinstock, dem Weg, der Wahrheit und dem Leben lassen unsere Erfahrungen mit Brot und Wasser und Wein und Leben anklingen. Aber genau das ist auch das Problem: Der Kiesweg vom Haus zur Strasse ist Christus? Christus soll einer unter 500 Weinstöcken auf einem intensiv genutzten und bespritzten Weinberg sein, Christus die Brotrinde, die ein Kind liegen lässt!? Die handgreiflichen und alltäglichen Sakramente befremden und fühlen sich doch einladend und «wahr» an: Wenn ich so über den Kiesweg gehe, als ob er Jesus Christus wäre, dann bin ich DA für mich und für die Menschen, denen ich hier begegne. Wenn ich mit der Brotrinde wie mit Jesus Christus umgehe, dann verändern sich vielleicht meine Hände und mein Ärger über das unachtsame Kind.
Diese einfachen Sätze rufen nach Zeit zum Nachspüren und Erfahren. Aber da kommt uns der Autor überhaupt nicht entgegen. Im unmittelbaren Textzusammenhang dieser Christusbilder verscheucht der Autor die meditative Stimmung mit Berichten über Missverständnisse, Vorwürfe und Streit. Das einladende Bild vom lebendigen Wasser beispielsweise ist in ein schwieriges Gespräch zwischen Jesus und der Samaritanerin eingebettet (Joh 4). Das schöne Wort vom Licht der Welt (vgl. Joh 8,12-20) und jenes vom Brot des Lebens (vgl. Joh 6,1-15) münden in einen bitteren Streit. Das Wort von den fruchtbringenden Reben am guten Weinstock ist mit der Warnung an die dürren Zweige verbunden, die ins Feuer geworfen werden (Joh 15,1-8).
Johannes führt die Lesenden mit den vertrauten Bildern vom Wasser, dem Licht, dem Hirten, dem Brot, der Tür und dem Weinstock mitten in den Streit um ein menschenwürdiges Leben in einer Welt, die beides kennt: Licht und Dunkel, Zerrissenheit und Einheit, Hunger und Sättigung, Tod und Leben. Er konfrontiert die Lesenden scharf: Jenen Menschen, die nach Brot und nach Licht suchen, kann der Kontakt mit dem schöpferischen Wort gelingen, wenn sie Ausgrenzungen aufgeben und in aller Ambivalenz ihr Leben öffnen für das Schöpfungswort, das Fleisch werden will.
Die Reibungen im Johannesevangelium treffen die Grundspannung unseres Lebens. Missverständnisse und Konflikte spiegeln die Schwierigkeiten und Chancen, mit konkreten Bedürfnissen, Sehnsüchten und Bedrohungen umzugehen: Brot teilen und um Wasser bitten, Bleiben und Gehen, im Licht und im Dunkeln leben, den Weg finden, Sterben und Auferstehen. Sie rufen zur Entscheidung, den biblischen Verheißungen vom guten Schöpfungswort im eigenen Leben zu trauen und mit dem fleischgewordenen Wort zusammen zu wohnen.

3 Der Weg des Wortes durch das Johannesevangelium

Der Anfang des Johannesevangeliums, der Prolog, ist ein Lied auf die Anfänge vor allen Anfängen. Dieser vorzeitliche Beginn ist in der Person des Täufers und durch die ersten Jüngerberufungen mit der Erde verknüpft.

Diesem himmlisch-irdischen Anfang folgen die ersten Begegnungen (Kap. 2-4): Unterschiedlichste Menschen kommen im Wunder von Kana, bei der Tempelreinigung, nachts im Gespräch (Nikodemus) oder mittags am Jakobsbrunnen (Samaritanerin) mit Jesus in Kontakt.

Die Offenbarung des Wortes stößt auf zunehmenden Widerstand. Die Auseinandersetzungen mit einer ungläubigen und lieblosen Welt sind das Thema von Kap. 5-12. Hier wechseln sich Zeichen (Brotvermehrung, Heilung des Blindgeborenen, Totenerweckung), große Reden (Brotrede, Hirtenrede) und scharfe Konfrontationen mit den – nun ganz pauschal genannten – *Jüdinnen und Juden* ab. Unerbittlich läuft die Geschichte auf die Passion zu.

Der Weg des Wortes von Gott zu den Menschen wird nicht als Erfolgsgeschichte geschildert. Jesus begegnet viel Widerstand und Ablehnung. Seine Sendung in die Welt scheitert in der Mitte des Evangeliums, wie das schon der Prolog ankündigt (1,10f): *Er war in der Welt, die Welt ist durch ihn geworden, aber die Welt erkannte ihn nicht. Er kam in sein Eigentum, aber die Seinen nahmen ihn nicht auf.* Jesus zieht sich dann mit dem kleinen Kreis von Getreuen zurück (1,12): *Allen aber, die ihn aufnahmen, gab er Macht, Kinder Gottes zu werden …* In diesem zweiten Teil des Evangeliums (Kap. 13-17) offenbart sich Jesus denen, die bei ihm geblieben sind, in langen Abschiedsreden. Zu ihnen sollen sich auch die Leserinnen und Hörer zählen, die den Wandlungsprozess des Evangeliums mitvollziehen. Zentrales Ereignis ist hier die Fußwaschung. Diese private Unterweisung der *Freunde und Gefährtinnen* endet mit einem Gebet. Es ist das Testament für die kleine Gruppe, die erkannt hat, dass alles, was Jesus ist, vom *gerechten Vater* kommt (Kap. 17).

Die Passion selbst wird als *Erhöhung* (Kap. 18-19) geschildert. Das Wort *sterben* findet sich in diesem Zusammenhang nur selten. Jesus stirbt nicht mit einem Schrei, sondern neigt würdevoll sein Haupt.

Dem Auferstandenen begegnet die trauernde Maria von Magdala zuerst (Kap. 20). Jesus erscheint erst dann den anderen Jüngerinnen und Jüngern, die sich aus Angst eingesperrt haben. Dort haucht Jesus sie an: Der Geist wird jetzt in ihnen wohnen. Mit dem *Anhauch* wird der Bogen zum

Wort im Prolog geschlagen: Dieses Wort, sagt Johannes, das bei Gott und Gott ist (1,1) atmet in den Menschen, die an Jesus Christus glauben.
In der zweiten (später angefügten) Auferstehungserzählung (Kap. 21) erfahren die trostlosen Jüngerinnen und Jünger den Auferstandenen in der Fülle ihres Fischzugs. Diese Sättigung aller ist Grundlage für die Leitungsaufgabe, die Petrus zwar übertragen, aber gleichzeitig auch begrenzt wird.

Der Stil

Das schlichte, aramäisch und hebräisch geprägte Griechisch des Johannesevangeliums ist so charakteristisch, dass von einem eigentlichen *johanneischen Stil* gesprochen wird. Schmückende Beiwörter fehlen und Partizipialformen, wie *der zu mir Kommende wird nicht hungern* (6,35), tragen zum eintönigen und deshalb eindringlich meditativen Stil bei. Diese Redeweise könnte auf einen aramäischen Ursprung hindeuten.
Die synoptischen Evangelien (Matthäus, Markus und Lukas) enthalten viele kleine Einheiten (Perikopen), zum Beispiel kurze Gleichnisse oder Wundergeschichten. Im Unterschied dazu finden wir bei Johannes große Gesprächszusammenhänge mit wenigen Zeichen oder Leitgedanken (z.B. Joh 4; 5; 6; 9). Oft kulminieren diese Reden in einem *Ich-bin-Wort*. Die Position des Erzählers bleibt auf weiten Strecken unbesetzt. Nur selten wird im klassischen Stil berichtet, etwa wie Jesus seinen ersten Jüngern begegnet (1,35-44). Meistens sind diese Gespräche nicht in eine Erzählhandlung eingefügt, sondern bilden selber die fortlaufende Handlung. Dies ist ein Stilmittel des Theaters. Durch die Mittel des Dramas, der szenischen Darstellung, werden die Leser und Hörerinnen ohne vermittelnde Erzählinstanz direkt in die Geschichte verwickelt. Ein Drama will direkt Staunen, Einsicht und Wandlung bewirken (vgl. Brecht und Dürrenmatt, die sich mit ihren Dramen an den antiken Dramen und an der Bibel orientieren). Im Drama des Johannesevangeliums nehmen die Lesenden und Hörenden selber Stellung, beteiligen sich am Gespräch und erfahren in den Begegnungen Jesus Christus.
Johannes ordnet außerdem das wenige Erzählmaterial, auf das er sich beschränkt, anders als die drei anderen Evangelien. So bildet die Tempelreinigung einen dramatischen Höhepunkt am Anfang des Wirkens Jesu (2,13-22) und steht nicht wie sonst am Anfang der Passionserzählung.

«Ich-bin-Worte»

Mit den «Ich-bin-Worten» greift Johannes die Selbstaussage auf, mit der sich Gott am Sinai dem Mose gegenüber geoffenbart hat:
Da antwortete Gott dem Mose: «Ich bin. Ich bin da». Und er fuhr fort: So sollst du zu den Israeliten sagen: «Ich bin da» hat mich zu euch gesandt. (Ex 3,14)
Allerdings ist ein kleiner Vorbehalt anzubringen: In der Septuaginta, der antiken griechischen Übersetzung der hebräischen Bibel, die schon die Evangelisten benützt haben, wird dieses *ego eimi* (= ich bin) stets durch eine Verdoppelung charakterisiert (s. o.). Auf diese Betonung verzichtet der vierte Evangelist. Auch sonst kommt sie im Neuen Testament nie vor.
Neben Jesus sprechen im Johannesevangelium noch andere Personen dieses *ego eimi* aus. Der Täufer sagt: *Ich bin die Stimme des Rufers* (1,23). Und der geheilte Blinde reagiert auf die Fragen der ungläubigen Nachbarinnen, ob er wirklich dieser arme Bettler sei, mit denselben Worten: *Ich bin es* (9,9). Diese Aussagen sind keine exklusiven, schnell verständlichen Identitätsaussagen Jesu. Insofern Johannes eine genaue Nachahmung der biblischen Vorlage vermeidet und *ego eimi* auch auf Menschen bezieht, die mit Jesus positiv verbunden sind, beantwortet er also die Frage nicht, ob Jesus nun Gott sei oder nicht, ob alle Glaubenden dieses Ich-bin von sich auch sagen dürfen, oder nicht. An einer dogmatischen Eindeutigkeit ist ihm nicht gelegen – im Gegenteil. Aber er tut alles, um die Bedeutung der Worte herauszustreichen. Dazu gehört auch die Zahlensymbolik. Sieben ist die biblische Zahl der Fülle. Neben den sieben Zeichen gibt es sieben Ich-bin-Worte:

- Ich bin das Brot des Lebens (6,35-48)
- Ich bin das Licht der Welt (8,12)
- Ich bin die Tür (10,7.9)
- Ich bin der gute Hirt (10,11.14)
- Ich bin die Auferstehung und das Leben (11,25)
- Ich bin der Weg, die Wahrheit und das Leben (14,6)
- Ich bin der (wahre) Weinstock (15,1.5)

Jedes Ich-bin-Wort – bis auf das Wort von der Auferstehung – zitiert auf seine Weise die hebräische Bibel.
Die Ich-bin-Worte greifen elementare, unmittelbar zugängliche Bilder und Erfahrungen auf. Sie verbinden Jesus mit Dingen und Erfahrungen wie Türe, Licht oder Hunger, die jedem Menschen vertraut sind und auch in anderen Religionen eine wichtige Rolle spielen. Johannes nimmt damit Weisheitstraditionen Ägyptens, Israels und anderer Kulturen auf.

Er zeigt Jesus als göttliche Weisheit (ägyptisch: Ma'at; hebräisch: Chokhma; griechisch: Sophia[1]):
Ich bin der Weg, die Wahrheit und das Leben. Niemand kommt zum Vater außer durch mich. (14,6), oder: Amen, amen, ich sage euch, ich bin die Tür zu den Schafen. (10,7).

Folgende Strukturmerkmale sind allen gemeinsam:

Jesus stellt sich vor	«Ich bin» mit Bildwort oder Heilsbegriff
Ruf zur Entscheidung	Einladung und Heilszusicherung oder Unheilsdrohung

Gemeinsam ist ihr Absolutheitsanspruch. Bis auf das Wort vom Weinstock stehen alle diese Einladungen zur Begegnung und Wandlung in konflikthaften Erzählzusammenhängen.

Die Rätselrede

Das Evangelium verwendet eine Rätselrede, die ihren Gegenstand ebenso verhüllt wie offenbart. Wer das Evangelium geschrieben hat, setzte die Bilder bewusst vieldeutig und widersprüchlich ein, wollte gültig von den Begegnungen mit Jesus sprechen, aber nicht endgültig, wollte das Geschehen veranschaulichen, ohne es festzulegen. Selbst in den Reden an seine Jüngerinnen und Jünger, die den zweiten Teil des Evangeliums dominieren und eine besonders intime Unterweisung sind (Joh 13-17), wird die Rätselrede nicht aufgehoben.
Dies habe ich in verhüllter Rede zu euch gesagt; es kommt die Stunde, in der ich nicht mehr in verhüllter Rede zu euch spreche, sondern euch offen den Vater verkünden werde. (16,25)
Durch den Menschen Jesus wird Gottes Handeln erfahrbar, bekommen seine Worte Hand und Fuß. Aber über Gott kann nicht so geredet werden wie über einen Gegenstand der irdischen Welt. Wenn Jesus in Rätseln vom Vater spricht, dann nicht aus Willkür oder in pädagogischer Absicht; er kann gar nicht anders reden, und Gott kann nicht anders zur Sprache kommen.

---

[1] Vgl. HECKING, D. / WALDMÜLLER-ISENEGGER, G. / WÄFFLER-BOVELAND, A., Sehnsucht nach Gerechtigkeit. Denken und Handeln nach dem Buch der Weisheit (WerkstattBibel 3), Stuttgart 2002.

Der Mythos aber hat, weil er von der Tiefe der Wirklichkeit erzählen will, die der Ein-Sicht nicht zugänglich ist, keine andere Sprache als die metaphorische Rätselsprache (…) Die Sprache Jesu im Johannesevangelium ist rätselhaft und geheimnisvoll, weil sie das Geheimnis und Rätsel seines Seins und Handelns zur Sprache bringt. Sie nähert sich dem unsagbaren Geheimnis so an, dass sie es bestehen lässt.[2]

Das Geheimnis des Lebens muss bestehen bleiben *und* besprochen oder aufgeführt werden, damit es erfahrbar wird. Wenn es Gestalt – in der Sprache des Johannes: Fleisch – annimmt, wandeln sich Alltage und Gegenstände der irdischen Welt zu Momenten der Gottesbegegnung.

4 Das «andere» Wort

Das vierte Evangelium unterscheidet sich grundlegend von den Synoptikern Markus, Matthäus und Lukas. Manche Differenzen wurden schon angedeutet. Die wichtigsten sind:

- Das Johannesevangelium holt weit über den Stammbaum Jesu aus und besingt im Hymnus die kosmische Bedeutung Jesu (1,1-18).
- Bei den Synoptikern verkündet Jesus in einprägsamen Sprüchen und anschaulichen Gleichnissen das Reich Gottes. Im Johannesevangelium spricht Jesus Christus in symbolischen Wendungen vor allem von seiner Sendung und über sich selbst.
- Johannes spricht nicht von Wundern, sondern von «Zeichen» und überliefert exklusiv vier: Das Weinwunder in Kana (2,1-11), die Heilung des Gelähmten am Teich Betesda (5,1-9), die Heilung des Blindgeborenen (9,1-7), die Auferweckung des Lazarus (11,1-44).
- Im vierten Evangelium gibt es weder Dämonenaustreibungen noch Heilungen von Aussätzigen.
- Die synoptischen Evangelien diskutieren Macht- und Führungsfragen, während Johannes sich kaum dafür interessiert.
- Bei Johannes steht in der Nacht vor der Passion nicht das Mahl, sondern die Fußwaschung im Mittelpunkt.
- Nur im vierten Evangelium begegnet uns Lazarus, der Bruder von Maria und Martha, oder der namenlose «Jünger, den Jesus liebte», der

[2] SCHENKE 1992, 410f.

- im zweiten Teil des Evangeliums einen zentralen Platz einnimmt
- Nach dem Markusevangelium endet die einzige Pilgerreise Jesu nach Jerusalem mit der Kreuzigung am Paschafest. Im Johannesevangelium pilgert Jesus mehrmals von Galiläa nach Jerusalem (Joh 2,13; 5,1; 7,10; 11,55; 12,12)
- Folgen wir den synoptischen Berichten, dann dauerte das öffentliche Wirken Jesu etwa achtzehn Monate. Jesus stirbt am 15. Nisan. Johannes hingegen erzählt von einem dreijährigen Wirken. Er stirbt am 14. Nisan, am Vorabend des Paschafestes
- Jesu Wirken konzentriert sich im Johannesevangelium auf die Hauptstadt Jerusalem. Es gibt im Unterschied zu den Synoptikern keine heitere, glückliche Zeit der erfolgreichen Verkündigung in Galiläa, die sich zur Passion hin verdüstert
- Die konfliktreiche Geschichte von der Tempelreinigung wird entsprechend am Anfang berichtet (Joh 2,13-22) und nicht zum Auftakt der Passionsgeschichte (Mk 11,15-17)
- Die Synoptiker zeichnen «heiße» Charaktere, die lieben, hassen, bereuen, verzweifeln. Die GegnerInnen, die Johannes zeichnet, sind «eine Art Jakobiner, die wissen, was sie unter dem Gesetz zu tun haben, und die ganz nüchterne, realpolitische Kalküle anstellen. Sie operieren ohne jede offene Leidenschaft.»[3]
- Johannes ist der einzige Evangelist, der vom Wirken Jesu im samaritanischen Gebiet zwischen Galiläa und Jerusalem erzählt. Da zeigt er erstaunliches Detailwissen zur Geographie (Joh 4,5)
- Nach Markus stirbt Jesus einen grausamen Foltertod, nach Lukas als vorbildlicher Gerechter. Nach Johannes wird Jesus im Tod «verherrlicht» (12,23), «erhöht» (3,14; 12,32-33), es ist ein «Hinübergehen zum Vater» (13,1). Jesus neigt im Sterben feierlich und würdevoll sein Haupt (19,30).

Gemeinsamkeiten sind ebenfalls auszumachen:

- Bericht über die erste Jüngerberufung (1,35-51; vgl. Mk 1,16-20)
- Von den 29 synoptischen Wundern kommen im Johannesevangelium nur drei vor: Die Heilung in Kafarnaum (4,46-54; vgl. Mk 8,5-13), die Speisung der Fünftausend (6,1-13; Mk 6,34-44) und der Seewandel (6,16-31; vgl. Mk 6,45-52)

---

3 HINKELAMMERT 2001, 189.

- Das Petrusbekenntnis (6,66-71; vgl. Mk 8,29f)
- Die Salbung in Betanien (12,1-11; vgl. Mk 14,3-9)
- Der Einzug in Jerusalem (12,12-19; vgl. Mk 11,1-10)
- Der Verrat durch Judas (13,1-38; vgl. Mk 14,12-26)

Einzelne verwandte Jesusworte sind:

- Das Tempelwort (2,19; vgl. Mk 14,58)
- Kein Prophet ist zu Hause anerkannt (4,44; vgl. Mk 6,4)
- Wer am Leben hängt, verliert es (12,25; vgl. Mk 8,35)

Ein ernster Vorwurf: abgehoben und unsolidarisch

Mit seinen Eigenheiten hat sich das Johannesevangelium den Ruf erworben, ein spirituelles oder mystisches Evangelium zu sein. Manchmal ist von der «hohen Christologie» des Evangeliums, von seiner anspruchsvollen Theologie die Rede. Solche Zuschreibungen fördern die Berührungsscheu mit dieser Schrift und das Vorurteil, das Johannesevangelium könne nur von ExpertInnen angemessen verstanden werden. Die Schrift ist tatsächlich schnellen Urteilen unzugänglich. Aber daraus könnte man doch auch den umgekehrten Schluss ziehen: Möglichst viele Menschen sollten sich an der Auslegung des Johannesevangeliums auf ihre Weise und mit ihrem Leben beteiligen!
Ein Aspekt dieses Vorwurfs wiegt allerdings schwer: Dem vierten Evangelium wurde und wird Gleichgültigkeit vorgeworfen. Die Schrift zeige nichts von der Solidarität des irdischen Jesus mit denen, die nach Brot und Gerechtigkeit hungern. Der johanneische Jesus schwebe unberührt von Unrecht, Schmerz und der Sehnsucht nach Frieden mindestens einen halben Meter über der Erde. Nicht einmal die Folter am Kreuz könne dem Übermenschen etwas anhaben.
Die johanneische Mystik wird aber auch genau umgekehrt gedeutet: Das Johannesevangelium lasse Hörer und Leserinnen erfahren, dass Leben mehr ist als die Erfüllung jener religiösen oder staatlichen Ordnungen, die die Welt regieren und Ausgrenzung und Zerstörung rechtfertigen:
«Nicht von der Welt» sein, das richtet sich nicht gegen die körperliche, sinnliche Welt, sondern gegen die Welt, die im Namen der Erfüllung des Gesetzes die Sünde begeht. Es ist die Sünde, die der Mensch in Erfüllung des Gesetzes vollbringt.[4]

---

[4] HINKELAMMERT 2001, 33.

Das Johannesevangelium spricht davon, dass Menschen im konkreten Alltag – auch in den konkreten Bedrängnissen und Rollenzwängen – befreiende Begegnungen erfahren, und dass sie aus diesen lebendiger und klarer hervorgehen können. Das Johannesevangelium zeigt (übrigens wie die jüdische mündliche Überlieferung auch), dass viele Bilder und Geschichten nötig sind, um das Gewohnte immer wieder ins Leben hinein aufzubrechen.

Mystische Texte oder abgehobene? Die Antwort wird sich in der Auseinandersetzung mit dem Evangelium und dem Leben zeigen:

Mystische Erfahrungen sind nicht prinzipiell andere als die in den Religionen versprochenen und gefeierten. Sie sind nicht höher oder tiefer als die in der religiösen Sprache mit ihren großen Wörtern wie Heilwerden, Befreiung, der Friede Gottes, Nach-Hause-Kommen, Erlösung genannten. Der Unterschied ist nur, wie die Mystik mit diesen Erfahrungen umgeht; sie löst die Versprechungen anders ein, sie nimmt sie aus der Abstraktion der religiösen Lehre heraus und befreit sie zu Gefühl, Erfahrung und Gewissheit.[5]

5 Christologie – das Wort im Leben

Wenn Jesus im Johannesevangelium – überspitzt gesagt – vor allem sich selber verkündet, was verkündet er denn? Der Autor sagt nicht abstrakt, wer Jesus Christus ist, sondern erzählt Wandlungsgeschichten.

Johannes erzählt, was die Begegnung mit dem fleischgewordenen Wort für Menschen bedeutet, die diesen Kontakt wagen, herbeisehnen oder denen er ungefragt zugemutet wird.

Entsprechend handelt das Evangelium von intensiven, bewegenden Begegnungen. Sein auffälligstes literarisches Merkmal ist die Kombination von kurzen, eingängigen Sätzen und langen Gesprächen. Wer das Evangelium oder einzelne Abschnitte liest, kommt mit heilenden, aber auch konflikthaften Gesprächen, Gesten und Berührungen in Kontakt.

Wer der Messias, der Christus ist, lässt sich für den Autor in dieser breiten Palette von Bildern und Erfahrungen ausdrücken:

- Jesus Christus ist der müde Mann, der mit der fremden Frau am Brunnen redet (Kap. 4),
- ein Mensch, der sich auch mit religiösen Behörden anlegt (9,22-39),

[5] SÖLLE 1998, 36.

- ein Freund, der mit den anderen um den toten Freund weint (11,35),
- der Lehrer, der den Seinen die Füße wäscht (13,1-20),
- ein Freund, der für seine Freundinnen und Freunde das Leben gibt (15,13),
- ein Toter, der aufsteht und sich der Freundin zeigt (20,15),
- ein Mensch, der die göttliche Weisheit verkörpert (Ich-bin-Worte) und sich vom «Vater im Himmel» gesandt weiß (z. B. 16,5).

Verwandelte Menschen zeugen von der Begegnung mit ihm:

- die versklavte Wasserträgerin, die einfach ihren Krug stehen lässt (4,28),
- der Bettler, der zu sich selber steht (Kap. 9),
- Nikodemus, der den Liebesdienst am Kreuz tut (19,38-42).

Im Alltag – im geteilten Brot, im Licht, an der Tür und beim Weinstock – kann das fleischgewordene Wort erfahren werden.
Die langen Reden und die zahlreichen Missverständnisse, die sich in Gesprächen nicht nur zwischen GegnerInnen, sondern auch zwischen FreundInnen auftun, zwingen die GesprächspartnerInnen in den Geschichten, ein zweites, drittes Mal nachzufragen, nochmals zu erklären. Da bleibt auch den Lesern und Hörerinnen nichts anderes übrig, als zweimal, dreimal hinzuschauen. Johannes hat kein eiliges Publikum vor Augen. Er schreibt für Menschen, die für sich klären müssen, wer dieser Jesus für sie, für ihr Judentum und die Welt ist.
Johannes gibt Zeugnis von der Einwohnung des guten Schöpfungswortes. Diese Präsenz berührt, erschreckt, erzürnt, zieht an und nährt oder stößt ab. Das Johannesevangelium erzählt von der erfahrenen und erfahrbaren Anwesenheit Gottes im Fleisch, von der notwendigen Entscheidung für das Leben und leitet Hörende dazu an, mit dem Wort im eigenen Fleisch zu wohnen.

Die christologischen Hoheitstitel von Anfang an

In der Darstellung und Selbstdarstellung Jesu liegen zwischen den synoptischen Evangelien und Johannes Welten: Während sich die Menschen auch in der nächsten Umgebung Jesu nach den Berichten der synoptischen Evangelien nur langsam und unter großen Schwierigkeiten zur Erkenntnis der Würde Jesu durchringen, verfügen sie im Johannesevangelium von Anfang an darüber. Sie erfahren in ihrer Berufung, dass Jesus der Messias und der Gottessohn ist. Die Jünger des Täufers, die Je-

sus nach Hause begleiten, wissen schon: *Wir haben den Messias gefunden* (1,41). Und Natanaël bekennt sich zu Jesus mit den Worten: *Rabbi, du bist Sohn Gottes, der König Israels* (1,49). Was in den anderen Evangelien als Ziel der Erkenntnis gilt, ist im Johannesevangelium Ausgangspunkt. Die JüngerInnen und mit ihnen die Leserinnen/Zuhörer sollen lernen, diese Erkenntnis Erfahrung und Fleisch werden zu lassen.
Die christologischen Aussagen bezeugen die Anwesenheit Gottes im Menschen Jesus und stellen dafür eine Sprache zur Verfügung. Die Hörerinnen und Leser spüren nicht nur, sondern sollen auch lernen, die in Jesus in die Welt gekommene Wirklichkeit Gottes sich selber und anderen zu sagen (16,25).
Die Einheit des Vaters mit dem Sohn wird über die Werke beglaubigt, die Jesus im Namen des Vaters vollbringt. Um welche Werke geht es? Nicht zufällig kommt das Wort *Ich und mein Vater sind eins* (10,30) im Zusammenhang mit Abraham zur Sprache. Die Einheit aller Wesen ist möglich, wenn man sich unterbrechen lässt wie Abraham. Abraham steht für lebensfreundliche Werke, denn er hat nicht getötet und Isaak am Leben gelassen. Das Doppelgebot der Gottes- und Menschenliebe verschmilzt im Johannesevangelium zum einen Liebesgebot, weil Gott und Mensch nicht mehr getrennt werden (z. B. 17,20-26). Auf den Vorwurf der Selbstvergötterung antwortet Jesus nicht mit dem Anspruch, als Gott anerkannt zu werden. Er verweist seine Angreifer und Angreiferinnen auf das Schriftwort *Ihr seid Götter* (10,34; vgl. Ps 82,6), also selber Söhne und Töchter Gottes. Diese Verwandtschaft hängt nicht von der Blutsverwandtschaft, sondern von den Werken ab: Wer das Leben durch das Nein zum Töten bestätigt, ist nach Johannes Sohn und Tochter Abrahams.[6]
Diese Einheit Gott-Jesus-JüngerInnen (z. B. 15,1-17) hat konkrete Folgen für das Zusammenleben. Es ist ein Zusammenleben von Gleichen, die nicht übereinander verfügen. Deshalb wird im Zusammenhang mit dem Johannesevangelium nicht wie sonst immer von einer «Gemeinde», sondern von einem «Kreis» gleichgestellter Jünger und Jüngerinnen gesprochen.

Die «Zeichen» und die Stunde des Messias

Vor dem ersten Wunder (Johannes spricht von «Zeichen») sagt Jesus zu

[6] Vgl. HINKELAMMERT 2001, 124.

seiner Mutter: *Meine Stunde ist noch nicht gekommen* (2,4). Mit der «Stunde» sind Passion und Auferstehung gemeint.
Die Abschiedsreden beginnen mit dem Hinweis auf diese Stunde:
Jesus wusste, dass seine Stunde gekommen war, um aus dieser Welt zum Vater hinüberzugehen. (13,1)
Jesus spricht den Jüngern und Jüngerinnen Mut zu. Mit dem Hinweis auf den Beistand wird in den Stunden vor Jesu Hinrichtung eine Zukunftsperspektive eröffnet, die über den Tod hinausgeht *(14,25-27)*:
Die «Stunde» umfasst Leiden, «Erhöhung» – so bezeichnet das Evangelium die Kreuzigung – und Auferstehung. Der johanneische Jesus ist souverän und agiert stets freiwillig, auch oder gerade in seiner «Stunde». Man hat deshalb von vertauschten Rollen beim Prozess Jesu gesprochen. In dieser «Stunde» ist eigentlich nicht Jesus der Angeklagte und Gerichtete. Seine Anklägerinnen und Richter stehen vor Gottes Gericht. Das Kreuz ist für Johannes entsprechend nicht die schriftgemäße Erniedrigung wie bei den Synoptikern. Vielmehr findet die Erhöhung schon in der Kreuzigung statt. Doppeldeutig beleuchtet der Evangelist diese Einheit von Erniedrigung und Erhöhung mehrmals:
Und ich, wenn ich über die Erde erhöht bin, werde alle zu mir ziehen. Das sagte er um anzudeuten, auf welche Weise er sterben werde. (12,32f)
Die sieben Zeichen, von denen das Evangelium erzählt, stehen für die Fülle der Wunder, die Jesus gewirkt hat (vgl. 20,30f). Es sind Zeichen, die auf die Erhöhung hinweisen:

- Hochzeit zu Kana (2,1-12)
- Heilung des Sohnes des königlichen Beamten (4,43-54)
- Heilung des Gelähmten (5,1-18)
- Brotvermehrung (6,1-15)
- Seewandel Jesu (6,16-21)
- Öffnung der Augen des Blindgeborenen (9,1-41)
- Auferweckung Lazarus (11,1-44)

In ihnen, mitten im Leben, ist die «Stunde» erfahrbar.

Auch im Johannesevangelium finden – konsequenterweise, wenn wir an den johanneischen Kreis von Gleichgestellten denken – Frauen und Männer gleichermaßen Zugang zu Jesus. Frauen lassen sich auf intellektuelle Gespräche (Samaritanerin: Kap. 2) ein, und Männer sind bereit für emotional intensive Begegnungen (Nikodemus: 3,1-21; 7,45; 19,38-42). Da der synoptische Zwölferkreis, der aus namentlich genannten Männern besteht, im Johannesevangelium auffälligerweise kaum eine Rolle spielt, gibt es nicht einmal einen Grund anzunehmen, dass sich der vierte Evangelist im engeren Umfeld Jesu eine reine Männergruppe vorgestellt hat.

Der Jünger, den Jesus liebte

Der «Jünger, den Jesus liebte», ist eine rätselhafte Gestalt. Er taucht erst in der zweiten Hälfte des Evangeliums auf. Von seinem Erscheinen beim Abschiedsmahl (13,23f) bis zu den Auferstehungserzählungen (Kap. 21) bleibt er namenlos.

Wird dieser Jünger als historische Gestalt gesehen, die im Zusammenhang mit der Niederschrift und dem gemeinsamen Lesen des Evangeliums eine Rolle spielt, dann ist er eine ungewöhnliche Autoritätsfigur. Sie beruft sich nämlich auf die freundschaftliche, liebevolle Nähe zu Jesus und überhaupt nicht auf eigene Grosstaten oder eine besondere Sendung. «Johannes» wäre dann eine integrierende Gestalt im Kreis von Gleichgestellten, deren Glauben und Zusammensein auf Beziehung gründet. Da alle wissen, wer er ist, müsste der Name nicht einmal genannt werden.

Wahrscheinlich stellt der Jünger, den Jesus liebte, literarisch den idealen Jünger oder die ideale Jüngerin dar. Er ist sozusagen die Leerstelle im Gemälde, in die sich die LeserInnen hinein versetzen können: Alle, die glauben, sind an der Brust Jesu willkommen und gründen mit der Mutter Jesu zusammen unter dem Kreuz die neue Familie.

Der geheimnisvolle Jünger hütet – als mögliche historische Gestalt und als Einladung zur Einfühlung der HörerInnen – das Thema der johanneischen Gemeinschaft: Liebe.

Für damalige (und heutige) Leserinnen und Hörer ist es ein sehr besonderes Angebot, sich an die Stelle «des Jüngers, den Jesus liebte», zu versetzen. Wie ist es, an der Brust Jesu zu ruhen? Unter dem Kreuz mit der

Mutter zu stehen? Am Grab und bei der alltäglichen Arbeit als erste/r zu sehen und zu glauben?

Licht und Dunkel – Gegnerinnen und Gegner des Lichtes

Bis jetzt war fast ausschließlich von jenen Begegnungen die Rede, in denen Wandlung geschieht. Wir stoßen aber beim Lesen des Johannesevangeliums auch auf eine Wand des Unglaubens und des Hasses. Diese Wand scheidet das Licht von der Finsternis, trennt jene, die «nicht von der Welt sind» und gerettet werden, von denen, die «von dieser Welt» sind und das Licht bekämpfen. Die Begegnung mit Jesus führt – laut Johannes – in scharfe Gegensätze.
Der Grenzverlauf ist aber nicht einfach zu bestimmen. Beispielsweise werden die Gegner und Gegnerinnen oft pauschal als Juden und Jüdinnen bezeichnet. Doch lassen sich auch viele Juden und Jüdinnen auf das Geheimnis Jesu ein (z. B. 10,40-42). Der vierte Evangelist spricht von zahlreichen Leuten aus Jerusalem und Galiläa, die durch die Zeichen das Geheimnis Jesu erfahren (2,23-25; 4,45). Viele aus dem Volk halten ihn für einen guten Menschen (7,12), vielleicht sogar für den Messias (7,31-40). Und der große Zulauf in Jerusalem ängstigt seine GegnerInnen, die in diesem Zusammenhang als PharisäerInnen dargestellt werden (11,48; 12,19). Der ganze erste Teil des Evangeliums ist vom heftigen Meinungskampf über die Identität Jesu geprägt, der Menschen, wo immer sie auch stehen, zur Entscheidung ruft und zur Wandlung ermächtigt – wenn sie sich einlassen. Die Wand steht aber auch nicht einfach zwischen einer geistlich-leibfeindlichen und einer sinnlich-materiellen Welt. Der Kosmos, die Erde, das irdische Leben werden im Johannesevangelium positiv gewürdigt – auch und gerade in den einfachen Symbolen von Brot, Licht, Erde, Wasser.
Wie können wir diesen Dualismus verstehen, wenn die Trennlinie beim genaueren Hinsehen gar nicht so einfach zu bestimmen ist?
Der Befreiungstheologe Franz HINKELAMMERT aus Costa Rica erkennt im Dualismus die radikale Trennung zwischen jenen, die nicht töten, und den anderen, die töten und töten lassen. Jesus kämpft nicht gegen *die Juden und Jüdinnen*, sondern für das mosaische Gesetz des Lebens. Er wird umgebracht, weil er sich nicht mit jener «Welt» verbündet, die darauf aufbaut, dass es für das Töten und Ausgrenzen immer gute Gründe gibt. Jesus sieht die größte Sünde im Verzicht auf die engagiert-lebensfreundliche Auslegung des Gesetzes:
Bei Johannes steht eine menschliche Welt einer unmenschlichen Welt gegenüber. Aber die menschliche Welt ist keineswegs eine Welt ohne Sünden. Den-

noch: selbst die Sünde ist dort menschlich, so dass man sie aussprechen und verstehen kann. Die unmenschliche Welt hingegen beruht auf der Sünde, die in Erfüllung des Gesetzes begangen wird. Diese Sünde scheint es nicht zu geben, so dass man nicht einmal über sie sprechen kann oder darf (...)Das Gesetz ist ein Gesetz für das Leben. Sofern es dies ist, muss es ständig einem Urteil der Unterscheidung unterliegen, so dass das Gesetz immer dann aufgehoben wird, wenn es nicht dem Leben dient. Jedes Gesetz, das diesem Urteil nicht unterliegt, wird zum Gesetz, das tötet (...) Tatsächlich ist ja die mosaische Tradition anders. Die Normen gelten vielfach nicht einfach aufgrund formaler Legalität; sie werden ständig im Namen des Lebens der Menschen herausgefordert. Diese Herausforderung von Normen läuft ständig auf neue Normen hinaus, welche die ursprüngliche Norm beschränken. So etwa verhält es sich mit der Norm der Zahlung von Schulden. Da aber solch eine Norm in ihrer Logik die Existenz jeder menschlichen Gemeinschaft untergräbt, begrenzt man sie durch andere Normen. Solche Begrenzungen sind etwa die Erklärung von Gnadenjahren, Sabbatjahren oder Jubeljahren, die der formalen Norm im Namen des menschlichen Lebens ihre absolute Geltung nehmen. Dies geschieht durch die Bezugnahme auf das Leben, die in das Gesetz selber eingeführt wird. Alle Gesetze des Mose sind voll von solchen Bezügen auf das menschliche Leben. Dadurch wird den formalen Normen die absolute Geltung genommen, die der formale Legalismus ihnen aufzwingen will. Das verleiht diesen Gesetzen häufig einen stark kasuistischen Charakter, da ja Normen durch Normen begrenzt werden. Aber das, was sich an der Wurzel dieser Kasuistik abspielt, ist die Bezugnahme des Gesetzes auf das menschliche Leben.[7]

Kinder Abrahams oder Kinder des Teufels?

Folgt man HINKELAMMERT, dann ist das Johannesevangelium nicht antijudaistisch, sondern steht in der Tradition innerjüdischer prophetischer Kritik. Der Theologe zeigt dies an einem Text mit schrecklicher Wirkungsgeschichte:

Jesus sagte zu ihnen: Wenn Gott euer Vater wäre, dann würdet ihr mich lieben; denn von Gott bin ich ausgegangen und gekommen. Ich bin nicht in meinem eigenen Namen gekommen, sondern er hat mich gesandt. Warum versteht ihr nicht, was ich sage? Weil ihr nicht imstande seid, mein Wort zu hören. Ihr habt den Teufel zum Vater und ihr wollt das tun, wonach es euren Vater verlangt. Er war ein Mörder von Anfang an. Und er steht nicht in der Wahrheit; denn es

---

[7] HINKELAMMERT 2001, 41-43.

ist keine Wahrheit in ihm. Wenn er lügt, sagt er das, was aus ihm selbst kommt; denn er ist ein Lügner und ist der Vater der Lüge. Mir aber glaubt ihr nicht, weil ich die Wahrheit sage. Wer von euch kann mir eine Sünde nachweisen? Wenn ich die Wahrheit sage, warum glaubt ihr mir nicht? Wer aus Gott ist, hört die Worte Gottes; ihr hört sie nicht, weil ihr nicht aus Gott seid. (8,42-47)

Die Abstammung vom Teufel ist eine Wahl. Sie entsteht durch das Tun: Wer mordet, ist ein Kind des Teufels, da dieser das Urbild des Mörders ist. Wer Abraham zum Vater hat, tötet nicht, da dieser auf den Engel gehört und Isaak am Leben gelassen hat (Gen 22). Die Sünde, die Jesus entlarvt, ist die Verkehrung des Gesetzes in sein Gegenteil: Wenn ein Gesetz herangezogen wird, um Privilegien zu vertuschen, Menschen zu töten und auszugrenzen, dann wird es «ganz von dieser Welt». Die Tora ist kein unveränderliches Regelwerk. Schon zur Zeit Jesu war vom «Zaun um die Tora» die Rede. Das heißt: Die Tora mit ihren erzählerischen Widersprüchen und ihrer Zeitbedingtheit muss immer wieder gedeutet werden. Dies geschieht im Dialog, auch im Widerspruch. Hillel und Schammai ist das bekannteste Rabbinenpaar einer langen Reihe von Gelehrtenpaaren um die Zeitenwende, die sehr unterschiedliche, zum Teil sogar gegensätzliche Toraauslegungen vertreten haben. Immer nur beide zusammen können dafür sorgen, dass nicht die eine einzige rechte Auslegung und Erfüllung des Gesetzes einer Herrschaft dient und Ausgrenzung zementiert.

Im Johannesevangelium spiegeln sich wahrscheinlich Ausgrenzungserfahrungen einer Minderheit (des johanneischen Kreises) mit ihren eigenen (also jüdischen, evtl. auch schon großkirchlichen) Autoritäten, die sich der römischen Hegemonialmacht anpassen mussten. Die Minderheit reagierte verständlicherweise mit harter Abgrenzung gegen «die da oben», die ihre johanneische Weise zu leben und zu glauben als nicht mehr integrierbar einschätzten. Das zeigt sich im gehässigen Ton des Evangeliums, der nicht schönzureden ist. Der johanneische Kreis hatte seine notwendige Gegenstimme nicht entwickelt und zerbrach wahrscheinlich schon bald daran. Katastrophal wirkte sich die fehlende Gegenstimme drei Jahrhunderte später nach der konstantinischen Wende aus: Das Christentum wurde Staatsreligion, also selber Mehrheit und Autorität über das Gesetz. Sie bediente sich ausgerechnet des Johannesevangeliums, um ihre Herrschaft zu stützen und Juden und Jüdinnen auszugrenzen. Die «einstimmige» Rhetorik der Minderheit wurde zur autoritären Gesetzesauslegung der Herrschenden. Sie verfolgten Gesetzesbrüche, verschleierten aber die eigene Sünde, die sie in Erfüllung des Kirchengesetzes begingen.

7 Wer soll das Wort verstehen? AdressatInnen

Die alte Tradition seit dem Kirchenlehrer Irenäus (gest. 202) identifiziert den Autor mit der Gestalt des Lieblingsjüngers. Sie erhält (erst) im Zeugnis des Irenäus den Namen «Johannes» und wird mit dem Sohn des Zebedäus identifiziert. Dieser gehört in den synoptischen Evangelien zur besonderen Gruppe der vier ersten Apostel.
Diese Identifikation wird heute nicht mehr vertreten. Über den Entstehungsort, den Autor «Johannes» und die ersten Hörer und Leserinnen des Evangeliums können wir nur aus dem Johannesevangelium selber und aus den Johannesbriefen, die nachweislich dem gleichen Kreis entstammen, Rückschlüsse ziehen.

Entstehungsort und -zeit

Über Abfassungszeit und Herkunftsort gehen die Meinungen weit auseinander. Die (sehr unwahrscheinliche) Frühdatierung plädiert für das Ende der sechziger Jahre im 1. Jh. n. Chr. Dabei ist die Nähe der christologischen Argumentation zu Paulus ein gewichtiges Argument. In den meisten Kommentaren allerdings wird die Herausgabe im letzten Jahrzehnt des ersten Jahrhunderts vermutet. Für diese Datierung sind vor allem die johanneischen Auseinandersetzungen mit «den Juden / Jüdinnen» maßgebend. Sie spiegeln den dramatischen Konflikt der johanneischen Gemeinde mit den jüdischen Behörden, die in der Zeit der domitianischen Verfolgung (um 95 n. Chr.) den Kreis enger zogen, um die jüdischen Gemeinden vor römischen Zwangsmassnahmen zu schützen. Die spätesten Datierungen – ebenfalls mit politischen und sozialgeschichtlichen Argumenten – reichen sogar bis in die ersten Jahrzehnte des 2. Jahrhunderts hinein.
Die Menschen, die das Evangelium schrieben und als erste hörten oder lasen, werden sehr plausibel im gebirgigen und deshalb etwas isolierten mehrheitlich jüdisch bewohnten nördlichen Ostjordanland (heute südöstliches Syrien) vermutet.[8] Andere suchen sie in der jüdischen Diaspora in Kleinasien, konkreter noch (wiederum mit Irenäus) in Ephesus.

[8] WENGST 1990

Die brennende Frage, auf die das Evangelium antwortet

Jede Schrift ist Antwort; und Evangelien sind Antworten auf eine brennende Frage. Für das Johannesevangelium könnte sie geheißen haben: Wie leben wir heute – nach dem Zerstörungsfeldzug des römischen Heeres im jüdischen Palästina mit all seinen Konsequenzen für überlebende Juden und Jüdinnen – in Einheit mit Jesus Christus? Das Evangelium verarbeitet existentielle Auseinandersetzungen um das Überleben oder Leben nach dem verlorenen Krieg gegen Rom (70 n. Chr.) und während der gewaltsamen Ausbeutung und der verzweifelten Überlebenskämpfe, die dem Krieg folgten.

Das Johannesevangelium bildet nicht die historische Situation zur Zeit Jesu ab, sondern antwortet auf die aktuellen Probleme der AdressatInnen nach dem Krieg: Unzählige Menschen wurden in den vergangenen Jahren ermordet, und der Tempel ging in Flammen auf. Die Auseinandersetzungen mit «den Jüdinnen und Juden» und «den PharisäerInnen» (ja, da sind auch Frauen vorstellbar!) bilden aktuelle Konflikte ab, zu denen sich der johanneische Kreis verhalten muss. Sie sind in die Zeit und an die Wirkungsorte Jesu verlagert worden.

Spuren der Relektüre im Evangelium

Das Johannesevangelium besteht nicht aus einem Guss. Dies zeigt sich besonders an seinem Ende. Das Evangelium schloss wohl ursprünglich mit dem 20. Kapitel. Die Erscheinungen des Auferstandenen im 21. Kapitel werden von den meisten ForscherInnen als späterer Zusatz angesehen, der die eigenartige Nähe des namenlosen Jüngers (jedes und jeder Gläubigen) zu Jesus vor übergriffigen HirtInnen schützen soll.

Eine andere Ungereimtheit: Mitten in den Abschiedsreden (Joh 14-17) findet sich eine Notiz, die an einen Aufbruch denken lässt: «Steht auf, wir wollen weggehen von hier.» (14,31) Darauf folgt jedoch kein Ortswechsel, sondern die Fortsetzung der Reden mit der bekannten Predigt vom Weinstock, dem kommendem Beistand und dem Abschiedsgebet. Ob hier jemand seine oder ihre Ergänzung eingefügt hat als Antwort auf die Herausforderungen späterer Jahrzehnte? Vielleicht haben sich neue Fragen des Zusammenlebens ergeben. Darauf könnten die Ermutigungen der Kapitel 15-17 antworten.

Geographische Probleme ergeben sich in der Erzählung zwischen den Kapiteln 5 bis 7. Vielleicht ist den SchreiberInnen das Manuskript durcheinander geraten? Wir befinden uns ja in der Zeit der *Kodizes*, der Bücher aus losen Blättern. Kodizes waren günstiger in der Herstellung als Buchrollen, und die Mehrzahl der neutestamentlichen Schriften wurde in Form eines Kodex' veröffentlicht.

Evangelium für «kirchliche» Menschen

Das vierte Evangelium ist keine Missionsschrift, die Menschen neu für Christus gewinnen will. «Bleiben» ist das zentrale Stichwort. Das Evangelium rüttelt auf und zeigt, wie das Leben immer mehr ist und anders als die Kompromisse, die Menschen mit ihrem Alltag, den Herrschaftsverhältnissen und ihrem Glauben geschlossen haben. Es erinnert daran, dass die Glaubenden dem Gesetz des Lebens gehorchend das Schöpfungswort bei sich wohnen lassen können. Es wiederholt, dass es nur einen Hirten (10,11-16) gibt und sich oben und unten, Männer und Frauen, SamaritanerInnen und JüdInnen radikal im Kreis ordnen. Das ist natürlich erschütternd und gefährlich. Der Unterschied, den das Johannesevangelium umtreibt, herausfordert und kümmert, ist diese dramatische Trennung zwischen Glauben und Unglauben, Leben und Töten.

Das Evangelium entstand in einem Prozess, der sich in den drei Johannesbriefen weiter verfolgen lässt. Die Schriften erzählen davon, wie Menschen versuchen, mit dem Schöpfungswort in der konkreten Welt zu wohnen, eins zu werden miteinander und sich als Kinder Abrahams zu erweisen, wie ihnen dies gelingt, aber auch, wie sie scheitern. Als Zeugnis und Anstoß dieser Erfahrungsprozesse ist das Johannesevangelium ein wichtiger Spiegel in unseren Räumen der Wandlung.

II. Teil

Methodische Einführung

1 Wandlungsrituale in biblischer Erwachsenenbildung

Die bibeltheologische Einführung hat das Johannesevangelium als Wandlungstext erschlossen. Das Evangelium erzählt, führt vor, inszeniert, spielt, wie das göttliche Schöpfungswort in die Welt kommt, und wie es unter uns Fleisch wird. Es beschreibt, wie Menschen im Kontakt mit diesem Wort ihren Alltag neu sehen lernen und leben müssen: Die Tür und das Brot sind Christus, und das Wasser wird lebendig. Die Einführung hat das Thema der Fleischwerdung, der spirituellen Wandlung zur alltäglichen Auferstehung bei Johannes ins Zentrum gestellt.

In der methodischen Einführung geht es nun darum, diesen Raum der Wandlung etwas auszuleuchten und zu besprechen. Das Besondere an spiritueller Wandlung oder Fleischwerdung des Schöpfungswortes ist ja, dass sie nicht einfach «machbar» sind. Dies führt in der Bibelarbeit immer wieder dazu, dass Methoden, Ansprüche, Hoffnungen und Ziele auf dieser Ebene oft unklar bleiben und bei den Teilnehmenden und bei der Leitung zwiespältige Gefühle auslösen.

Eine spirituelle Erfahrung oder Wandlung ist nicht machbar, das meinen wir auch. Aber wir sind davon überzeugt, dass es Haltungen, Bedingungen und Methoden gibt, mit denen wir einen solchen Raum miteinander eröffnen, betreten und wieder verlassen können. Anneliese HECHT hat im Vorwort zu ihrer Methodensammlung zu ganzheitlicher Bibelarbeit geschrieben: «Obwohl ich selbst darum weiß, dass die Methoden am besten angeeignet werden im praktischen Tun, lege ich diese kleine Arbeitshilfe vor ...»[9] Auch für Wandlungsarbeit gilt: Am besten ist es, zu jemandem in die Schule zu gehen, der/die wandlungsorientierte Bibelarbeit macht. Da wir es hier aber mit einem Pioniergebiet zu tun haben, vielleicht mit einem neuen Paradigma der Erwachsenenbildung, müssen wir teilen, was wir haben.

Manche von Ihnen bringen Erfahrungen in Ritualarbeit oder Liturgie mit und wollten schon lange einmal die Bibel einbeziehen. Andere «machen» Bibelarbeit als Wissensvermittlung und spüren, dass hier noch ganz andere Kräfte am Werk sind, mit denen sie klarer und verantwortlicher umgehen wollen. Wieder andere erleben in erfahrungsorientierter Bibelarbeit, dass sich im Schweigen zwischen den Gefühlen Welten auftun, die sie begehen möchten. Politisch-feministisch oder befreiungstheolo-

[9] HECHT 2001, 7.

gisch arbeitende Menschen merken vielleicht, dass sie der Frage, was den Kampf nährt, mehr Beachtung und mehr Experimentierfreude schenken müssen.
Bibelarbeit mit Erwachsenen geschieht meistens auf vier Ebenen. Innerhalb einer Einheit und im Repertoire einer Leiterin oder eines Leiters stehen meistens eine oder zwei davon im Vordergrund, während die anderen mitschwingen:

- Wissensvermittlung
- Persönliche oder emotionale Berührung mit der Bibel
- Politik des Lesens und Handelns
- Spirituelle Wandlung

Wissensvermittlung stand lange im Zentrum der Bildung. Im vergangenen Jahrhundert war vom «Bildungsbürgertum» die Rede, das sich für historische und kulturelle Zusammenhänge interessierte. Vor gut dreißig Jahren hielten erfahrungsorientierte Methoden in der Erwachsenenbildung Einzug. Aus Gruppendynamik, Psychodrama und anderen Bereichen entwickelten sich Bibliodrama und verschiedene Methoden der Identifikation und Aktualisierung. Zeitgleich wurden im Kontext der zweiten Frauenbewegung und der Antikolonialismusbewegungen ältere und alte Wege, biblische Texte mit dem Ziel von Emanzipation und Gleichstellung zu lesen, in die Bibelarbeit eingetragen. Im Rahmen neuerer spirituell-politischer Reflexionen und Engagements (z. B. sozial engagierter Buddhismus, feministische Visionssuchen und Liturgien), die sich der Notwendigkeit zur Gestaltung des Lebens und Glaubens in einer sich rasant wandelnden Welt stellen, wird heute der spirituelle Raum der Wandlung ausdrücklich zur Sprache gebracht und begangen. Er schwang und schwingt in (kirchlicher) Bibelarbeit aber schon immer «irgendwie» mit, und alle LeiterInnen verbinden mehr oder weniger klare Hoffnungen und Ziele mit ihm. Worum geht es denn genau?

Mystik – Spiritualität –Wandlung

Was ist Mystik oder Spiritualität? In der Einleitung zum Buch «Mystik und Widerstand» von Dorothee SÖLLE sagt Fulbert Steffensky:
« … dass wir alle MystikerInnen sind.» Dieser Satz ist ja nicht eine Feststellung, sondern eine Forderung an das Leben! Es soll kein Mensch nur sein Leben fristen, es soll kein Mensch sich erschöpfen im reinen Überleben. Jede/r soll der Wahrheit nahe kommen dürfen. Für jeden Menschen soll es Orte der Absichtslosigkeit geben; die Schau; die Wahrnehmung der Lebensschönheit; die fruitio (der Genuss Gottes). «Wir alle sind MystikerInnen!» Der Satz enthält das Menschenrecht auf Schönheit und Schau. Gibt es so etwas wie das Menschen-

recht auf die Schau Gottes? Auf einem Umweg sind wir da bei deinem zweiten Begriff: Widerstand. Mystik ist die Erfahrung der Einheit und der Ganzheit des Lebens. Leiden an der Zersplitterung und sie unerträglich finden, das gehört zur Mystik. Gott zersplittert zu finden in arm und reich, in oben und unten, in krank und gesund, in schwach und mächtig, das ist das Leiden der MystikerInnen. Der Widerstand von Franziskus oder Elisabeth von Thüringen oder von Martin Luther King wächst aus der Wahrnehmung der Schönheit. Und das ist der langfristigste und der gefährlichste Widerstand, der aus der Schönheit geboren ist.[10]

Wir alle sind MystikerInnen. Wenn wir in einer Gruppe nach mystischen oder spirituellen Erfahrungen fragen, dann wissen nach anfänglichem Zögern alle etwas zu erzählen: von einem Sonntagspaziergang als Kind, als plötzlich der Nebel riss, von Erfahrungen gemeinsamer Kraft und Trauer auf einer Demonstration, Begegnungen mit einem Kunstwerk, Gotteserfahrung in einer Liturgie oder in der Liebe. Menschen, die vom Leben nicht ganz erdrückt sind, kennen so etwas wie Innenführung (Anneliese HECHT), Seinsfühlung (Karlfried Graf DÜRCKHEIM) oder mystische Empfindlichkeit (Dorothee SÖLLE).

Wir bewegen uns auf einem Feld, das Machbarkeit und Sagbarkeit übersteigt und doch Darstellung, Worte, Mitteilung braucht.

Heinz-Georg Surmund definierte Spiritualität so:

Als spirituell können wir jede Lebensäußerung, jede Lebens- und Weltgestaltung bezeichnen, die aus dem Quellgrund religiöser Erfahrung kommt. Menschen spüren in sich eine beseelende Kraft und überlassen sich ihr, die ihnen die Augen des Herzens öffnet. Sie werden von dem verborgenen, inneren Wurzelgrund alles Seins heilsam berührt, das mit ihnen einen neuen Bund schließen will; wenn sie zustimmen, kommen sie zum wahren Selbst, und in ihnen bricht lebendiges Wasser auf. Alle Welt kann sehen, alle Welt soll sehen, wes Geistes Kinder sie sind.[11]

Spiritualität hat mit Wandlung zu tun, mit dem Öffnen des Herzens, der Ohren und Poren für das Leben in Fülle, das mehr ist als Sachzwang und Machen. Der neue Bund wird nicht einmal geschlossen, sondern ist eine Haltung, die Üben, Langeweile, Gewohnheit, aber auch Bereitschaft für Überraschungen und Geschenke verlangt.

Es gibt viele verschiedene spirituelle Wege und Namen. Wir möchten hier zeigen, wie in acht Bibelarbeiten zum Johannesevangelium ein

---

[10] SÖLLE 1997, 14 (Fulbert STEFFENSKY wird mir das eingeschmuggelte große I nicht nachtragen).

[11] SURMUND 1985, 343.

wandlungsorientierter, spiritueller Umgang mit Bibeltexten konkret aussehen und vollzogen werden kann.
Weder die Einführungen noch die Anleitungen sind Rezepte mit Geling-garantie. Was vorliegt, ist kein Archetyp, sondern ein erprobter Prototyp, der Sie inspirieren soll, aus ihrer eigenen Innenführung oder mystischen Empfindlichkeit heraus der Bibel und den Menschen zu begegnen. Die Räume *begehen* müssen Sie selber.

Was ist ein Ritual?

Rituale werden seit einigen Jahren in der Erwachsenenbildung, in der Männerarbeit wie in der Frauenbewegung, in Schulen und im Familienleben mit Kindern als wichtiger Bestandteil von Leben und Lernen wahrgenommen. Die britische Ethnologin Mary DOUGLAS sagt: *Rituale sind für die Kommunikation wichtiger als die Wörter für das Denken.*[12] Rituale verbinden den einzelnen Menschen oder eine Gruppe und ihr konkretes Leben mit dem Ganzen der sichtbaren und unsichtbaren Welt. Rituale sind gestaltete Zeiten und Räume, in denen Menschen sich die Freiheit nehmen, ihre Lebenshoffnungen für sich selber und für die Welt zu sagen, sie zu spielen, zu essen, zu berühren. Es gibt Rituale, die das Bestehende verstärken. Das sind Zeremonien. Im Unterschied zur Zeremonie treten Menschen in Wandlungsritualen aus eingebildeten und auferlegten Grenzen heraus und erfahren, dass es auch anders sein kann, dass sie ihre großen Wünsche an das Leben stellen dürfen, dass sie HEUTE anders leben können, und dass sie damit die Zukunft gestalten. Zwischen Wandlungsritual und Zeremonie gibt es fließende Übergänge: Eine Zeremonie kann in ein Wandlungsgeschehen kippen, beispielsweise, wenn an einer Familienfeier plötzlich zur Sprache kommt, was alle bewegt und bisher niemand sich zu sagen traute. Zeremonien können den Boden für das Ritual bereiten:
Wenn wir Kinder früher in die Schule gingen, hat meine Mutter uns jedes Mal ein Kreuzzeichen auf die Stirn gemacht. Sie tat das (...) keineswegs in existentieller Ergriffenheit. Es gehörte zum Morgen wie das Butterbrot für die Schule. Wenn aber eines von uns Kindern krank war oder wenn eines für länger Abschied nahm, dann war meine Mutter eine wirkliche Künstlerin. Das Ritual geschah nicht mehr beiläufig. Sie war mit ihrer Sorge und Liebe in der Geste. Dies war aber nur möglich, weil meine Mutter es lange geübt hatte; weil sie die Uneigentlichkeit und die Formelhaftigkeit (...) lange ausgehalten hatte. Die lange,

[12] VOGELSANGER 2002, 40.

ausgehaltene Uneigentlichkeit zerstört also die Wahrheit des Rituals nicht, sie bereitet den Ernstfall vor und ermöglicht das Verhalten in ihm. Man kann die notwendige Form nicht erst dann erfinden, wenn man sie braucht, wie der Moment des Ertrinkens ungeeignet dazu ist, schwimmen zu lernen.[13]

Die Lebenshoffnungen der Menschen kommen nicht mit reiner Sprache aus. Deshalb durchstößt das Ritual (wie das Schöpfungswort, das Licht für die Welt und unter uns Fleisch wird), *den Horizont der reinen Sagbarkeit. Es sagt etwas, was man sich eigentlich nicht sagen kann, nämlich: Es wird gelingen! Das Leben wird gut ausgehen! Eine solche unmögliche Behauptung stellen die Atomgegner bei Gorleben auf, indem sie ein ‚Dorf' bauen, von dem sie doch wissen, dass es morgen abgerissen wird; indem sie in einem symbolischen Akt einen Quadratmeter dieses Dorfes erwerben, ein Stück ungekränkter Erde, die es eigentlich gar nicht gibt. Sie vergewissern sich im Spiel, dass das Leben geht, indem sie tun, als ginge es. Das ist eine Sprache, die über jede Sagbarkeit hinausgeht. Es ist das Paradox der Hoffnung. Überall, wo das Leben bedroht ist und die Menschen noch nicht völlig in Apathie erstickt sind, bringen sie sich in Distanz zur eigenen Klage und spielen die Hoffnung für morgen. Es sind Inszenierungen des Lebens, die dieses selber vorantreiben.*[14]

Im Paradigma der biographischen Orientierung, das bis heute die Erwachsenenbildung prägt, werden emotionale Faktoren berücksichtigt, Gefühle gewürdigt und ausgedrückt. In der Ritualarbeit sind Gefühle auch willkommen, denn sie gehören einfach zum Menschsein dazu. Sie haben aber nicht den Vorrang. Sie treten im Paradigma der Wandlung zurück. Es ist gleich gültig (nicht gleichgültig!), ob jemand klagend, weinend oder lachend, distanziert oder betroffen am Lebensdorf von Gorleben mitbaut. Die Hauptsache ist, dass er oder sie dort baut, das eigene Leben und das des Planeten mitgestaltet und so die Wandlung in Leben in Fülle für alle ermöglicht.

In unserer Arbeit mit biblischen Wandlungsritualen geht es darum, Räume zu eröffnen, in denen sich die Lebenswünsche wahrnehmen, schärfen und erfahren lassen, die dann wiederum neu in unser Leben hineinwirken können.

---

[13] STEFFENSKY 2000, 105f.

[14] STEFFENSKY 2000, 104.

2 Ritual, Zeremonie, Liturgie: Eine kleine Theorie

Die kleinen «Alltagsrituale», mit denen wir bezeichnen, was uns wichtig ist, sind nicht in erster Linie Rituale, sondern meistens Zeremonien: Der Abschiedskuss, die Tasse Tee am morgen, die Gutenachtgeschichte.
Das *Ritual* hingegen – wie wir es im Rahmen dieses Buches verstehen – fordert heraus, das Bestehende zu wandeln. Es bietet einen geschützten Raum für neue Gedanken und Gesten. Die Dynamik des Rituals führt über drei Schritte: das *Loslassen* des Bekannten, die *Erprobung und Verwandlung* bis zum *neuen Schritt* im Alltag. Das Ritual folgt den Fragen: Wofür lebe ich? Was lasse ich zurück, was nehme ich mit? Was berührt mich wesentlich? Womit bin ich verbunden? Was will in mir Gestalt gewinnen? Was soll in unserer Gruppe zu Tage treten? Wie kann ich es begrüßen? Wohin bewege ich mich?
Luisa FRANCIA nennt den Dreischritt jeder Reise:

1. Abreisen
2. Am tiefsten, gefährlichsten, unerträglichsten Punkt ankommen und durchgehen.
3. Wieder zurückkehren, und die Erfahrung in den Alltag integrieren.[15]

Gemeinsam ist beiden, Ritual (Wandlung) und Zeremonie (Bestätigung), dass sie – sinnlich und konkret – eine verborgene, aber wahrnehmbare Wirklichkeit gestalten, eben: bestätigen oder wandeln. Gemeinsam ist ihnen, dass sie wirken, dass sie misslingen können und dann chaotische Verhältnisse oder peinliche Zustände herrschen. Wer mit Ritualen/Zeremonien arbeitet, muss sich bewusst sein, dass sie sogar gefährlich sein können wie die wirkmächtigen und überzeugenden Zeremonien und Rituale im Dritten Reich oder halsbrecherische Initiationsrituale in Jugendgruppen.
Es gibt heute eine Sehnsucht nach Ritualen. Es gibt einen Hunger, das – häufig unbewusste – geistige und seelische Potential zu erschließen und es nutzbar zu machen. Da ist Vorsicht geboten, denn Rituale können auch als Abwehrzauber gegen die böse, komplizierte Welt gefeiert oder zur Ausgrenzung missbraucht werden. Umgekehrt kann aber ein klarer Umgang mit dem Ritual Erwachsenenbildung bereichern und Friedensarbeit nähren.

---

[15] FRANCIA 2000, 81.

Liturgie

Ein dritter Begriff hilft, Richtung und Ziel der Kräfte, die in Ritual und Zeremonie gestaltet werden, zu bedenken und zu klären. Wer «Liturgie» feiert, versteht sich als Teil einer Tradition, die Vergangenheit, Gegenwart und Zukunft umfasst. *leiturgia* heißt Tun des Volkes oder Tun für das Volk. Liturgie bezieht sich auf ein gemeinsames, öffentliches Ziel. Die Gruppe der Feiernden ist also größer als die konkrete Ritualgemeinschaft. Wenn wir biblische Wandlungsrituale begehen, treten wir in einen Raum ein, dessen Horizont die biblischen (oder johanneischen) Visionen bilden: Brot für alle, Licht für die Welt, Gemeinschaft gleichgestellter Freunde und Freundinnen.

Wer also mit der Bibel Rituale feiert – wir bleiben bei dem Begriff, weil er geläufig ist, dehnen ihn aber Richtung Zeremonie und Liturgie – betritt einen liturgischen Raum. Dieser verbindet die alltäglichen Realitäten mit Visionen. Da die Visionen in der Liturgie nicht nur gedacht, sondern aufgeführt – also ins Fleisch gebracht – werden, ist Liturgie ein Raum, in dem die Visionen Gestalt annehmen, in dem Lichtspuren in die Zukunft gelegt werden können. Die moderne Physik bestätigt mystische Erfahrungen: Bewusstes Gestalten beeinflusst die Zukunft.[16] Dies können wir üben, mit der notwendigen Sorgfalt den Kräften gegenüber, die wir damit rufen.

Eine biblische Liturgie oder ein biblisches Ritual gestaltet den Raum zwischen aktuellen Realitäten und biblischen Visionen. Sie lockt Menschen heraus aus verhängten Zwängen und lädt sie ein, sich den großen Wünsche zu öffnen, oft erzählte Geschichten neu zu hören, die den Weg des Schöpfungswortes in die Welt, genug Brot für alle, Licht für die Welt und das Leben über den Tod hinaus behaupten. In der Liturgie werden Wünsche Fleisch. Sie inkarnieren sich in der Welt. Mit der klaren Ausrichtung auf das, was uns wichtig ist, gestalten wir im JETZT der Gegenwart die Zukunft.

JETZT: Erde, Licht, Brot und Leben

Unsere unmittelbaren, aber auch die weltweiten Lebenszusammenhänge ändern sich, wenn wir unsere Möglichkeiten, liturgische Räume zu gestalten und zu nutzen – Welt mitzugestalten –, ergreifen. Es passiert et-

[16] BÖSCH 2002, 76-93.

was, wenn wir unseren Alltag bezeichnen und die großen Wünsche an das Leben ernst nehmen und erden. Wir verstehen also unter Wandlung die Möglichkeit und die Erfahrung, dass Visionen von Gerechtigkeit und Wohlergehen im konkreten Leben Wirklichkeit werden.
Was anders werden soll im Denken, im Erzählen und im Tun ist keine Ableitung aus den bestehenden alltäglichen Verhältnissen, sozusagen eine Weiterentwicklung von Kompromissen und Sachzwängen. Im liturgischen Raum nehmen wir JETZT die Herausforderung an, die Vergangenheit zu ehren und die Zukunft zu gestalten. Wir spielen die Hoffnung für morgen, wir inszenieren das Leben, als ginge es. Wir leisten uns Inszenierungen des Lebens, die dieses selber vorantreiben.
Wir tun das, *weil nur das, was unmöglich ist, wirklich befreit.*[17] Das ist das Paradox der Hoffnung, wer es ausprobiert, kann erfahren, dass es geht. Wir laden dazu ein, es neu und wieder zu üben.

3 Johannesevangelium und Wandlungsrituale

Das Johannesevangelium fordert zum «Bleiben» auf, haben wir gesehen. Es stärkt das, was schon ist, den Glauben und die Gemeinschaft, und hat damit zeremonialen Charakter. Die einfachen, alltäglichen Gegenstände, die heute wie damals direkt zur Hand waren und sind, deuten in die gleiche Richtung: Der Glaube an Christus soll den alltäglichen Umgang mit Wort, Licht, Erde, Tür, Brot und Wasser gestalten und dies wiederum den Glauben erfahrbar werden lassen und vertiefen.
Die Gegenstände stehen nie für sich allein. Sie sind Momente in Lebens-, Beziehungs- und Entscheidungsprozessen. Sie klären Alltage und alltägliche Kompromisse auf das hin, was erdet, nährt und erhellt.
Die Samaritanerin (Joh 4) z. B. nimmt im Gespräch ihre alltägliche Versklavung und ihre Sehnsucht nach lebendigem Wasser wahr und kann sich befreien. Viele Hungrige werden in der Brotvermehrung gesättigt und stellen nach dieser Erfahrung fest, dass Jesu Brot ihren Hunger doch nicht stillen kann (Joh 6). Die Schriftgelehrten sehen sich mit sich selber konfrontiert und müssen (dürfen?) ihre Steine fallen lassen, mit denen sie eben noch eine Ehebrecherin steinigen wollten (Joh 8,1-11). Das «Bleiben» im Johannesevangelium ist alles andere als Stillstand; es ist bleibende Offenheit für Wandlung durch das Schöpfungswort.

---

[17] SCHAUMBERGER 1988, 282.

In Jesus sehen die Menschen, die aus ihrem Alltag heraustreten, das Licht, das Brot, die Tür. Sie begegnen lebendigem Wasser und dem Angebot, ganz und gar nach Hause zu kommen. Diese Bilder stellen den gewohnten Alltag mit Licht und Brot und in der Wohnung auf den Prüfstand. In der Begegnung mit Jesus, dem Christus, sagen die alten Texte, können Glaubende Christus erfahren. Sie sagen aber auch, dass diese Begegnung wieder – neu und anders – in den Alltag hineinfordert: Die Samaritanerin bleibt nicht bei Jesus am Brunnen sitzen, sondern geht ins Dorf zu ihren Leuten zurück. Die Geschichten sind nicht zum Zuschauen geschrieben, sondern wollen die Leserinnen und Hörer herausfordern, den eigenen Krug zurück zu lassen, den eigenen Glauben an Christus als *ihr* Brot, *ihr* Licht, *ihre* Tür zu leben (Joh 20,31).

Midrasch: Die große Erlaubnis zur Fleischwerdung

Ein *Midrasch* ist eine erzählerische Antwort auf konkrete Herausforderungen. Midraschim (pl.) sind die Ergebnisse eines Gesprächs zwischen brennenden Fragen der Gegenwart und der Bibel. Zum Beispiel: Ein berühmter Midrasch erzählt von einem Freudenfest der Engel im Himmel. Damals, als das Volk Israel das Schilfmeer heil durchzogen hatte und die verfolgenden Reiter und Rosse im Meer versanken, saß Gott traurig in der feiernden Menge, bis die Engel ihn fragen, warum er sich denn über seinen Erfolg nicht freue. Gott spricht: «Wie soll ich mich freuen, wenn meine Geschöpfe untergegangen sind!» Die Geschichte entstand aus der Erfahrung einer jüdischen Gemeinschaft, die versteht und erlebt: Der innere Zusammenhang der guten Schöpfung ist Liebe über Familien- und Nationengrenzen hinaus. Diese kreative Lektüre setzt zweierlei voraus: erstens den Raum und die Bereitschaft, die drängenden Fragen wahr zu nehmen, und zweitens die Zeit zum Gespräch mit der Bibel. Midraschim sind Aktualisierungen der Tora am Puls des Lebens. *Tora* heißt «Gesetz» und bezeichnet die hebräische Bibel in unterschiedlichen Aspekten:

- Tora ist Leben
- Tora meint das Gesetz als Lebensgrundlage
- Tora bezeichnet die 5 Bücher Mose
- Tora heißt auch die ganze hebräische Bibel

Jede Generation im Strom der Überlieferung muss die Tora in ihr Leben übersetzen. «In jeder Generation sind alle verpflichtet, sich so anzusehen, als ob sie selbst aus Ägypten ausgezogen wären.» (Mischna Pes X,5). Das beinhaltet manchmal auch, der Bibel im Namen ihrer eigenen Befreiungsvisionen zu widersprechen.

Die johanneische Gemeinschaft hat die Tora – wie die anderen AutorInnen und RedaktorInnen der neutestamentlichen Schriften – im Licht der Erfahrungen mit Jesus, dem Christus, ausgelegt. Die biblischen Schriften sind also selber Midraschim der Tora für ihre Zeit. Da unsere Gegenwart wiederum anders ist als jene der ersten Leserinnen und Hörer, sind heute und für unsere Lebenszusammenhänge – wie zu jeder Zeit und an jedem Ort — neue Auslegungen nicht nur erlaubt, sondern notwendig. Das Wort will nicht Papier sein, sondern muss Fleisch werden. Das kann es nur, wenn es sich in unseren Geschichten, unseren Leibern und Gesellschaftsverhältnissen inkarnieren kann, wenn es bei uns Raum finden und im HEUTE wohnen darf.
Im Gespräch mit der Bibel können wir lernen, vom guten Anfang her zu leben. Im biblischen Wandlungsritual können wir erfahren, dass sich unsere Hoffnungen klären und die Sehnsucht nach Frieden und Gerechtigkeit für alle im eigenen Leben Fleisch wird.

4 Die acht Wandlungsrituale

Rituale feiern bedeutet: Heraustreten aus dem Alltag, Raum schaffen für die großen Wünsche an das Leben, sie schärfen und leben. Das Ritual, so, wie wir es hier mit Fulbert STEFFENSKY verstehen, hat also ein klares Ziel. Nicht irgendetwas soll geschehen, nicht irgendwelche Geister sollen gerufen werden. Wir sagen uns im Ritual, was wir hoffen. Wir leben im Ritual, was wir uns und der Welt wünschen.
Im vierten Evangelium wird groß genug und konkret genug gewünscht. Zum Beispiel *lebendiges Wasser* oder *Licht für die Welt*. Es ist also ein guter Begleiter und Herausforderer unserer Wünsche an das Leben. In einer alten Sprache und mit neuen Gesten können wir hineinwachsen in das, was schon da ist: Brot, die Tür zum Leben, der Kreis von Gleichgestellten, Auferstehung. Die Rituale umfassen drei Teile:
1. Den Alltag verabschieden (wahrnehmen und loslassen)
2. Die Lebenswünsche aufführen (einlassen und gestalten)
3. Das Ritualgeschehen anerkennen (begrüßen und zulassen)

Wahrnehmen und loslassen

Im ersten Schritt im Wandlungsritual holen wir die Teilnehmenden aus ihrer Alltagssituation ab und gestalten mit ihnen den Raum der Wand-

lung, begleiten sie in den Raum des Wahrnehmens und Übens hinein. Der Ort, die Begrüßung, die Stille und/oder ein Lied und die klare Information über den Ablauf helfen den Teilnehmenden, bei sich, der Gruppe und im Raum anzukommen. Wir beginnen immer bei unserem Alltag, unseren Erfahrungen. Dabei können wir davon ausgehen, dass JETZT alles enthalten ist, was wir brauchen. In dieser Haltung gilt es aber auch immer wieder das JETZT loszulassen. Denn danach wartet ein neues JETZT und JETZT und JETZT.
Hugo M. ENOMIYA-LASALLE schreibt:
Wie ein Samenkorn Luft und Wasser und Erde und Sonne braucht, damit daraus eine Blume, eine Rose wird, so brauchen wir Menschen auch Essen, Trinken (und die alltäglichen Verrichtungen), damit wir werden können, was wir sind (...) Menschen brauchen alles, was das Leben bringt, um mit der Zeit zu dem zu wachsen, was dieser Mensch sein kann. Augenblick für Augenblick, das ist euer Leben, sagt der Zen-Meister Dogen.[18]
Das ist jeweils unser erster einfacher Schritt: Wir nähern uns aufmerksam und achtsam unseren Erfahrungen und den Alltagsgegenständen der entsprechenden Einheit. Unser Leben zeigt sich uns im Kontakt mit ihnen. Wir bleiben nicht an unseren Gefühlen und Erfahrungen hängen und gehen weiter.

Einlassen und erproben

Im zweiten Schritt unserer Bibelarbeiten lassen wir uns auf eine Geschichte aus dem Johannesevangelium ein. Wir gehen in Kontakt mit dem Text und bieten den Teilnehmenden einen Raum an, in dem sie sich auf ihre großen Wünsche an das Leben und ihre Wandlungskraft einlassen können. In diesem Raum spielen Chaos und Ordnung eine besondere Rolle. Damit neues Leben entstehen kann, braucht es das chaotische, das spielerische, riskierende Moment. Dieser chaotische Teil muss aber gehalten und gestaltet sein. Im Wandlungsritual müssen Chaos und Ordnung, Vorgabe und offener Prozess also ihren Platz und ihre Aufgabe erfüllen. Zu viele Vorgaben und (verdeckte) Ziele ersticken den Prozess. Zuviel Neues kann nicht verarbeitet werden und Hilflosigkeit und Ärger verursachen. Wir haben Methoden gewählt, die wir in verschiedenen Zusammenhängen erprobt haben. Sie schaffen einen klaren Rahmen und ermöglichen unverplante Freiräume.

---

[18] BAATZ 1998, 20.

Wort, Wasser und all die anderen Gegenstände, die Johannes als Symbole verwendet, ändern ihre Bedeutung für uns wie Gefühle und Gedanken fortwährend. «Panta rhei», sagte der griechische Philosoph Heraklit vor 2500 Jahren: «Alles fließt». Wandlung ist ein Gesetz des Lebens. Augenblick für Augenblick verändert sich unser Körper. Jeder Gedanke verändert unser Bewusstsein. Das Leben ist nie so, wie es einmal war und sein wird, sagt die Dichterin Rose AUSLÄNDER. Sie beschreibt mit ihrem Gedicht diesen Raum des JETZT, den Raum der Wandlung:

So

So
soll es sein

wie es nie
war

wie es
nie
werden wird[19]

Wenn es uns gelingt, diese Präsenz zu ermöglichen und zu leben, dann sind wir am «tiefsten Punkt» angelangt.

Begrüßen und zulassen

Dem Abschied aus dem Ritual kommt eine besondere Bedeutung zu. Hier wird quasi der Koffer für die Rückkehr in den Alltag gepackt. Wer bin ich jetzt? Wie kann ich Erfahrenes so mitnehmen, dass die Erfahrung auf meinen Alltag ausstrahlt? Es ist nun wichtig, das, was sich gewandelt hat, zu begrüßen, ihm einen Namen zu geben. Wir sagen, was JETZT Fleisch geworden ist, was JETZT Kraft erhalten hat, z. B.: Der Tod hat nicht das letzte Wort. Alle haben einen Namen und eine Heimat. Es geht uns nichts verloren. Alle sind geerdet, haben Brot genug und leben im Licht. Dann kommt der Abschied. Der besondere Raum muss wieder geschlossen werden, die Samaritanerin geht in ihr Dorf, wir gehen in unseres. Die Menschen, die sich und den Zwängen des Lebens fremd werden konnten, gehen mit der Erfahrung in ihren Alltag zurück, dass sie ihr Leben und die Zukunft des Planeten mitgestalten im JETZT, wo Vergangenheit, Gegenwart und Zukunft zusammengeworfen sind. Wir dür-

---

[19] Rose AUSLÄNDER, "So", aus: Und preise die kühlende Liebe der Luft. Gedichte 1983-1987, © S. Fischer Verlag GmbH, Frankfurt a. M. 1988.

fen und müssen uns den «Luxus der Hoffnungslosigkeit» (Gioconda BELLI) nicht mehr leisten.

Wandlung ermöglichen - Voraussetzungen

Beim Arbeiten mit Ritualen muss Folgendes berücksichtigt werden:

1. Wandlung ist nicht machbar. Wir können uns aber darin üben, Räume zu begehen und zu gestalten, die zur Wandlung einladen.
2. Wer Bibelarbeit mit Wandlungsthemen und -energien anbieten möchte, muss sich bewusst sein, dass hier Kräfte wirken. Ihnen ist respektvoll und spielerisch zu begegnen.
3. Wichtig ist, wie für jeden Kurs, eine klare Ausschreibung und Einladung. Die Leute sollen wissen, was auf sie zukommt.
4. Raum und Mitte sind so zu gestalten, dass die Menschen ankommen und sich konzentrieren können. Zum Beispiel soll der Raum der Gruppengröße angepasst sein. Ein Stuhlkreis ohne Tische ist meistens angemessen. Die Mitte sollte nicht überladen sein und Elemente der Leere enthalten (beispielsweise weiße oder farbige Tücher in Schalenform ausgelegt). Elemente (auch die vorgeschlagenen Lieder) müssen der Gruppe angepasst sein.
5. Damit ein lebendiger Wandlungsraum aufgebaut werden kann, müssen Anfang und Ende sehr klar sein. Dabei empfiehlt es sich, eine Form zu wählen, die der Leitung vertraut ist und die über alle Kurseinheiten beibehalten werden kann: z. B. zwei Minuten Stille, begonnen und abgeschlossen mit dem Gongschlag. Oder: Eine Leibspürübung, die von den Zehen über das Becken bis zum Scheitel und zurück den Kontakt mit sich selber fördert. Oder: Alle stellen sich im Raum auf, werden angeleitet, gut zu stehen und in den Bauch zu atmen, um dann für sich eine Geste für die momentane Befindlichkeit zu finden, sie zu vollziehen und schließlich wieder zu verabschieden.
6. Die klare und klar erkennbare Leitung gibt Orientierung im Ablauf und passt die einzelnen Schritte den Teilnehmenden an. Ein Gong kann helfen, Zäsuren anzuzeigen, ohne viel zu reden.
7. Erlaubnis zur Passivität: Die Leitung soll nur das tun, was sie will und kann. Auch die Teilnehmenden sollen ermutigt werden, sich einzulassen, aber auch wissen, dass sie bei keinem Element mitmachen *müssen*.
8. Wenn wir mit Wandlungskräften arbeiten und anbieten, liturgisch-rituelle Zwischenräume zu begehen, dann kann und soll es durchaus emotional werden. Jemand beginnt zu weinen, eine andere wird aggressiv, oder die Gruppe befällt eine merkwürdige Sprach- und Hand-

lungsunfähigkeit. Es geht dann darum, die Gefühle anzuerkennen und mit den Energien, die darin zum Ausdruck kommen, in Kontakt zu gehen. Es hilft oft, nach dem Gefühlsausdruck zu fragen, ihn zu benennen und einen Weg vorzuschlagen, wie es weiter gehen soll. Die Leitung macht Angebote, die aber wirklich verhandelbar sein müssen («Du weinst, ist es in Ordnung, wenn wir weiter gehen oder brauchst du jetzt etwas anderes?» Oder: «Ich spüre viel Aggression bei dir. Willst du sagen, was dich wütend macht? Ich glaube, diese starke Energie ist sehr wichtig in unserem Prozess. Gibt es einen Weg, sie in unsere gemeinsame Arbeit einfließen zu lassen?»). Das sind Anregungen, keine Rezepte. Sie mögen in manchen Situationen fehl am Platz sein. Im Wandlungsritual muss sowohl den Leitenden wie auch den Teilnehmenden klar sein, dass Emotionen dazugehören, dass es aber nicht darum geht, sich mit ihnen zu identifizieren und näher zu beschäftigen. Die Leitung darf und muss hier respektvoll und klar Führung übernehmen.

9. Es ist üblich geworden, für Bibelarbeiten Textblätter abzugeben. Das ist sinnvoll, wenn die Textpassage herumgetragen, ausführlicher bemalt oder beschrieben wird. In allen anderen Situationen wird besser die eigene Bibel zur Hand genommen. Das Buch bietet eine andere, nachhaltigere Leseerfahrung als ein Blatt Papier.
10. Zwei Stunden sind kurz, bilden aber eine realistische Zeitspanne. Wenn sich eine Gruppe jeweils eine halbe Stunde mehr gönnen kann, dann wird dies dem Erleben sicher gut tun. Je nach Gruppe müssen die vorgeschlagenen Richtwerte sicher angepasst werden – wie Zeitangaben auf Wanderwegweisern.
11. Das Johannesevangelium ist von radikalen Gegensätzen und Streit geprägt. Die Machtverhältnisse im Text und die Rhetorik der bedrängten Minderheit dürfen nicht unbedacht und kritiklos in unsere Zeit und Machtverhältnisse übersetzt werden. Uns ist nicht zugänglich, «wie es damals wirklich war». Wir erzählen notwendigerweise eine Neufassung, wenn wir mit einem Text in Kontakt kommen. Hüten wir uns vor antijudaistischen Allgemeinplätzen.

Der innere Zusammenhang der Reihe

Die acht Werkstätten folgen dem Ablauf des Evangeliums:

1. Das *Wort* kommt in die Welt.
2. In der Welt steht die Befreiungserfahrung mit lebendigem *Wasser* am Anfang (Kana, Nikodemus und Geschichte mit der Samaritanerin).

3. Dann geht es in die Auseinandersetzung um das *Brot*, das grundlegende Lebensmittel.
4. Erst jetzt kommt die Moral: Im Kontakt mit der *Erde* klärt sich der Umgang mit Kompromissen, Trennungen und Störungen, die das Johannesevangelium so ausführlich schildert.
5. Aus der Berührung mit der Erde entsteht die Bewegung zum *Licht*.
6. Nun werden Schritte möglich: Die *Tür* markiert den Übergang.
7. Der Weg hat ein Ziel: die *Wohnung*, die uns bereitet ist und sich schon in unserer irdischen Wohnung zeigt.
8. Und schließlich kommen wir im *Leben* an, in der *Begegnung* mit dem *Auferstandenen* am See und im gemeinsamen Essen.

Wir gehen in diesem Buch immer vom Johannesevangelium aus, nehmen aber auch Beispiele und Methoden aus anderen Traditionen auf. Für die Arbeit mit Ritualen ist in diesem Zusammenhang wichtig: Wir leben bereits in der Einen Welt. Wir sind mit allem Leben auf dem ganzen Erdball verbunden. Gerade in der jüngeren Generation ereignet sich ein radikaler Bewusstseinswandel, den MystikerInnen vergangener Zeiten schon erfahren haben. Er lautet bildlich gesprochen: Der Ort der Wandlung ist nicht allein im Außen. Dieser Ort ist mein eigenes Herz. Wenn ich mich wandle, hat das Auswirkungen auf die ganze Welt. In diesem Sinne nutzen wir die Schätze andere Religionen. Wir beziehen sie aber immer zurück auf acht zentrale Begriffe des Johannesevangeliums. Und mit den acht Begriffen verbinden wir das innere Wandlungsgeschehen konkret mit unserem Leben.

Es ist nicht zwingend, *alle* Werkstätten durchzuführen. Sie können auch zwei oder vier auswählen. Vielleicht inspiriert eine einzelne Werkstatt zur Gestaltung eines Festes im Kirchenjahr oder im Leben von Familien:

Wandlungsrituale in der Kirche und für Lebensübergänge

Die vorgestellten Rituale können Anregungen geben, Übergänge in verschiedenen Lebenszusammenhängen zu gestalten und zu feiern:

Elemente aus dem Ritual zum Wort (1) eignen sich beispielsweise bei der Firmung, Konfirmation, am Reformationstag oder bei einer Hochzeit. Das Wasserritual (2) bietet sich an bei Taufen oder kann unterstützend sein beim Abschied aus unerträglichen Lebenssituationen. Der Weg mit dem Brot (3) ist vorstellbar im Zusammenhang mit Erstkommunion, Abendmahl oder einer Feier, in der sich Menschen für eine konkrete Herausforderung stärken müssen. Das Erdritual (4) könnte am Aschermittwoch, Karfreitag oder im Zusammenhang mit einer Beerdigung begangen werden. Es ist auch ein Ritual der Mediation und könnte sich für den Oberstufenunterricht eignen. Die Lichtfeier (5) bietet sich für die Advents-, Weihnachtszeit und für das Chanukkafest an. Sie eignet sich auch für Bußfeiern. Die Übergangserfahrung mit der Tür (6) könnte helfen, die «Schwelle» an Weihnachten und Neujahr, an Lebenswenden (Frauengottesdienste) zu überschreiten. Das Ritual eignet sich auch für den Oberstufenunterricht. Die Begegnung mit der Wohnung (7) könnte Impulse geben für Kirchenfeste und Haussegnungen. Das Ritual für die Begegnung mit dem Auferstandenen (8) passt zu Ostern, dem Gottesdienst in einem Sommerlager oder einem Geburtstag.

III. Teil

Bibelarbeiten

1 Wort (Joh 1,1-18)

Am Anfang war das Wort. So beginnt das Johannesevangelium. Das schöpferische Urwort hat einen Ort: Es ist bei Gott. Und macht sich von dort aus auf den Weg in die Welt. Es wird ein Lichtwort und schließlich Fleisch.
Am Anfang, das Wort. So sagt es auch die Genesis, das erste Buch der Bibel: Gott hat die Welt und alles Leben durch das Wort geschaffen. Im Wort ist alles schon da, und alles wird durch das Wort lebendig.
Stimmt das denn? Haben wir Erfahrungen mit dem wirkmächtigen und schöpferischen Wort? Wir begleiten dieses Wort auf seinem Weg in die Welt, zu uns.
Beim ersten Treffen sind die Teilnehmenden (Tn) meist neugierig und zurückhaltend. Die unterschiedlichen Haltungen, mit denen die Anwesenden im Raum sind, müssen nicht nur respektiert werden, sondern sind in dieser Einheit zentrales Wandlungsmoment. Der erste Teil, wahrnehmen und loslassen, beansprucht deshalb besonderes viel Aufmerksamkeit. Wenn am Anfang eines Kurses neben Neugierde, Vorfreude, Spannung, Angst und Unsicherheit noch anderes wahrgenommen werden soll, dann muss zuerst ein Raum der Sicherheit und Wertschätzung geschaffen werden.
Wie in jeder Einheit beginnen wir mit einer Zentrierungsübung (z. B. Gong. 2′ Stille. Gong) und steigen dann über eigene Erfahrungen ins Thema ein, die wahrgenommen und dann losgelassen werden. Wenn sich bei uns etwas wandeln soll, dann müssen wir mit uns im Kontakt sein, aber auch bereit, loszulassen, was wir schon kennen und wissen.

Dauer	*Inhalt und Vorgehen*	*Material*
	wahrnehmen und loslassen: Eigene Schöpfungserfahrungen durch das Wort	
10′	Begrüßen. Kurs vorstellen. Einstimmung	Mitte, Gong
10′	Einführung ins Thema mit kurzer Einzelbesinnung: (Wie) habe ich schon erfahren, dass Worte Neues eröffnen, schöpferisch sind? (Ein Gruß, eine Einladung, ein Wort der Anerkennung …)	
15'	Dreiergespräch (mit NachbarInnen): Welches Wort, welche Worte habe ich schon als schöpferisch erfahren?	
15′	Das eigene «schöpferische Wort» aufschreiben. Vorstellungsrunde: Namen nennen, eigenes schöpferisches Wort sagen, das Wort vor sich hin-	Stifte, Papier A5

	legen, so dass es alle sehen können. Am Ende Echo der Leitung (Lt): Welche Wörter sind versammelt?	
	einlassen und erproben: **Das Wort auf dem Weg in die Welt**	
10′	In der eigenen Bibel reihum Satz für Satz Joh 1,1-18 laut lesen, bis der Prolog zweimal gelesen ist	Eigene Bibel
30′	Zusammentragen und Gespräch: Welchen Weg geht dieses Wort? Lt skizziert den Weg auf dem Flip-Chart und legt die fertige «Landkarte» dann in die Mitte. Jede/r legt sein oder ihr Wort auf diesen Wort-Weg in der Mitte. Wo gehört es hin?	Blatt mit Bibeltext Flip-Chart, Stifte
10′	Pause	
	begrüßen und zulassen: **Der Kraft des Wortes Raum geben**	
20′	Den Prolog noch einmal hören (Lt liest vor). Gehübung: Begegnung mit dem schöpferischen Wort. Alle sammeln sich zum Schluss im Kreis. Alle sprechen ihr Wort mit JETZT (z. B. jetzt Frieden; jetzt eingeladen sein, jetzt Leben …) nacheinander laut aus. Die anderen wiederholen den Satz im Chor. Lied: Heilig bist du, ...	Gong Mitte mit Worten und Jetzt-Karten

Kommentar

wahrnehmen und loslassen Ob dies ausdrücklich gesagt wird oder nicht: Auch dieses Seminar kommt durch das Wort zustande und beginnt mit einem Wort. Wir sind also von Anfang an schon mitten im Thema. Die Begrüßungsworte der Leiterin/des Leiters (Lt) eröffnen den gemeinsamen Erfahrungs- und Wandlungsraum.
Die Einzelnen und die Gruppe bilden aber schon vorher, beim Eintreten in den Raum, ein Muster, das die Zusammenarbeit bestimmen wird.
Die Leitung bereitet zur Sammlung der Kräfte den Raum vor und gibt ihm eine klare Mitte. Diese darf nicht überladen sein: Ein Tuch und Blumen, das reicht. Vielleicht liegen die vier Buchstaben W-O-R-T in der

Mitte oder eine Bibel. Unter dem Stuhl der Teilnehmenden liegen schon je ein A5-Papier und ein Stift bereit.
Die erste Einheit soll der Leitung, den Einzelnen und der Gruppe anzukommen helfen. Die Vorstellungsrunde ist in unserem Vorschlag etwas zurück versetzt, damit die Teilnehmenden in Ruhe ankommen können, ohne sich zuerst selber erklären zu müssen.
In der Einführung ins Thema wird «das Wort» mit Erfahrungen verbunden: Die Bibel behauptet, dass am Anfang das Wort ist. Goethes Faust hat dem widersprochen: Am Anfang ist die Tat! Wir müssen hier nicht entscheiden, wer Recht hat. Wir fragen einfach, ob wir diese Schöpfungskraft des Wortes schon einmal erfahren haben: Wenn Kinder über ihre Missetaten grübeln, kann aus einem Wort, «es ist jetzt wieder in Ordnung», Lust und Kraft für neue Abenteuer wachsen. Eine ausgesprochene Liebeserklärung kann der gefühlten Zuneigung Klarheit und Zukunft geben. Durch ein Gedicht oder ein Wort aus der Bibel können wir die Welt mit neuen Augen sehen.
In einer kurzen Stille erkunden alle, ob sie schon solche Erfahrungen mit Worten gemacht haben. Nennen Sie eigene Beispiele, um den Teilnehmenden den Zugang zu ihren eigenen Erfahrungen zu erleichtern.
In der Dreiergruppe ist dann Gelegenheit, einander Einblick zu geben. Erfahrungen werden geteilt und Erinnerungen an solche schöpferischen Momente geweckt. Die Teilnehmenden schreiben ein Wort auf, das für sie schöpferisch gewirkt hat (es darf auch ein *kleiner* Satz sein). Wer kein solches Wort findet, schreibt ein Wort auf, von dem er/sie wünscht, dass es Fleisch wird (Friede, Liebe, Leben für alle, Gerechtigkeit …).
(Auch wenn wir nichts davon sagen, kann es vorkommen, dass jemand schon hier die Zerstörungskraft von Wörtern fühlt. Dann hilft vielleicht der Hinweis weiter, dass es manchmal wirklich schwieriger ist, sich auf die schöpferische Kraft einzulassen, als zu klagen, dass es sich aber lohnt, es zu versuchen. Die im 3. Teil folgende Gehübung kann dann evtl. ergänzt werden durch einen Anfangsteil, in dem das zerstörerische Wort im Raum anwesend sein kann, dessen Energie wir wahrnehmen, jeder nach Wahl aus der Nähe oder von ferne, und das wir dann mit einer klaren, ruhigen Geste, z. B. mit einer Verbeugung, verabschieden.)
Wir teilen Erfahrungen und legen sie ab. So sind wir auf das Thema durch eigene Erfahrungen ausgerichtet, aber nicht in ihnen gefangen. Die Vorstellungsrunde mit den schöpferischen Worten schließt den ersten Teil ab.

einlassen und erproben Nun lesen und hören wir, wie das Schöpfungswort ins Leben kommt: Gemeinsam skizzieren wir im Gespräch, wie das

Wort ins Fleisch kommt (s. Informationen zu Joh 1,1-18). Auf dem Plakat ist nun ein Weg zu sehen. Alle spüren nach, wo ihr eigenes Schöpfungswort hingehört und legen es hin (Anfang, unterwegs, Ende, auf den Weg oder daneben). Die Gruppe nimmt sich vor der Pause einen Moment Zeit, sich dieses neue Wegbild anzuschauen, vielleicht eine Position zu erklären oder nachzufragen.

begrüßen und zulassen Für die Gehübung im dritten Teil folgt nun ein Vorschlag, den Sie natürlich Ihnen und Ihrer Gruppe anpassen werden. Lassen Sie sich und der Gruppe Zeit, versuchen Sie zu spüren, wie lange die Pausen zwischen einzelnen Anweisungen sein müssen:
«Bewegen Sie sich durch den Raum und konzentrieren Sie sich ganz auf sich selber und Ihr Gehen. Finden Sie Ihren eigenen Schritt, Ihr Tempo, das in diesem Moment richtig ist. Die anderen sind da, aber Sie müssen sich nicht auf sie beziehen. Bleiben Sie bei sich. Spüren Sie Ihren Atem kommen und gehen. Was tun Ihre Arme? Lassen Sie in den Schultern ein wenig los, lassen Sie Ihren Bauch ein wenig los. Atmen Sie. Wenn Sie mögen, dann probieren Sie jetzt auch andere Gangarten aus. Gehen Sie rückwärts, wenden und drehen Sie sich, gehen Sie ganz langsam oder ganz schnell, hüpfen, kriechen oder klettern Sie. Vielleicht hat jemand Lust, sich so fortzubewegen, wie er/sie es noch niemals getan hat? Nun kommen Sie wieder in ihre vertraute Gangart zurück. Spüren Sie nach: Hat sich etwas verändert? Gehen Sie weiter, und stellen Sie sich jetzt vor, dass hier im Raum Ihr schöpferisches Wort anwesend ist. Geben Sie ihm einen konkreten Ort im Raum. Wollen Sie dort hingehen? Wollen Sie es auf Distanz anschauen, oder es zuerst umkreisen? Finden Sie für sich im Raum einen Ort, an dem Sie stehen bleiben wollen, im Kontakt mit dem schöpferischen Wort. Wie heißt das Wort? Vielleicht ist es das Wort, das Sie schon vorher gefunden haben, vielleicht ist es ein anderes. Was ist das für ein Wort? Schauen Sie es sich an, nehmen Sie seine Energie wahr. Wollen Sie Ihre Position verändern, näher herangehen oder sogar in das Wort eintreten? Wenn Sie möchten, verändern Sie Ihren Standort. Spüren Sie nach. Versuchen Sie, sich ein wenig zu öffnen für diese Begegnung mit dem Wort, im Herzen, in den Füssen, im Scheitel. Atmen Sie. Das Wort will Fleisch werden. Wie kann es in Ihnen Fleisch werden? Finden Sie eine Form, die Ihnen angemessen ist. Vielleicht öffnen Sie Ihre Hände und lassen sich das Wort geben, legen Sie es an Ihr Herz. Oder Sie treten in das Wort ein und fühlen, wie es Sie umgibt und durchströmt wie ein warmes, helles Licht. Sie finden Ihre Weise, das Wort zu sich zu nehmen. Nehmen Sie wahr. Wenn Sie dann aufbrechen wollen,

spüren Sie nach, was Sie hier vielleicht verabschieden müssen, und was Sie mitnehmen können. Finden Sie Ihre Geste der Verabschiedung aus dieser Begegnung, verbeugen Sie sich oder legen Sie ab, was Sie da lassen wollen. Nehmen Sie ebenso deutlich mit, was Sie mitnehmen wollen. Wenn das Wort Sie durchflutet hat, dann nehmen Sie diese Kraft in sich noch einmal wahr, bevor Sie sich in Bewegung setzen. Wenn Sie das Wort gestreichelt oder in die Hand genommen haben, dann nehmen Sie das riesige oder ganz kleine Wort auf Ihre Arme oder in Ihre Hände. Finden Sie Ihre Geste, das Wort mit zu nehmen. Gehen Sie wieder durch den Raum, mit Ihrem Wort, Ihre Wege, auf Ihre Weise, in Ihrem Tempo. Lassen Sie nun Veränderungen in der Gangart, im Tempo, in der Weise, wie sie das Schöpfungswort bei sich tragen, zu. Vielleicht werden Sie schneller, verändert sich Ihre Geste. Lassen Sie Ihre Impulse, die Wandlungen zu. Gehen Sie, atmen Sie. Dann kommen Sie in Ihrem eigenen Tempo in den Kreis zurück, in dem der Wort-Weg mit unseren Worten liegt. Jetzt ist das schöpferische Wort Fleisch geworden. Jetzt.»
Die Gruppe sammelt sich wieder im Kreis. Legen Sie ein Blatt Papier mit dem Wort JETZT in die Mitte. Laden Sie dazu ein, das Schöpfungswort, das JETZT zu uns gekommen ist, nun auch als gegenwärtig auszusprechen. Wer bereit ist, beginnt: Jede Person, die möchte, geht einen Schritt in Richtung Kreismitte und spricht ihr Wort aus. Dann bildet sie mit JETZT einen kleinen Satz (z. B.: Jetzt Friede, Jetzt lieben, JETZT ist für alle genug da …). Die anderen wiederholen den Satz laut im Chor. Dann tritt die nächste Person in die Mitte.
Abschluss mit dem Lied, einem Moment der Stille und einem Abschiedswort.

Informationen zu Joh 1,1-18

In der alten (vorkonziliaren) katholischen Liturgie wurde der Johannesprolog am Ende jeder Messe vorgetragen. Er gehörte damals zu den bekanntesten Texten der Bibel. Heute kennen wahrscheinlich die meisten Leute mindestens noch den ersten Satz: «Am Anfang war das Wort». Dieser selbstbewusste Satz erfuhr durch Faust Widerspruch: «Am Anfang war die Tat». Bertolt Brecht meldete dann den Konkurs des religiösen oder schöpferischen Wortes an: «Am Anfang war das Wort – das Wort ist am Ende».
Das Wort geht im Prolog einen Weg, den wir mit den Teilnehmenden

nachzeichnen. Die folgenden Informationen sollen der Leitung helfen, diese Bewegung im Text zu sehen und zu vermitteln.

Ein altes Lied in uralter Tradition

Im antiken religiösen Theater diente das Vorwort (der Prolog) dazu, die Hörerinnen oder Leser über die kommende Geschichte zu informieren. Die wichtigsten Personen der Handlung wurden dem Publikum vertraut gemacht. Auch die großen Zusammenhänge, die weltumspannende oder kosmische Dimension der Ereignisse, kamen zur Sprache.
Der Johannesprolog ist im Stil der Prologe antiker Dramen aufgebaut und lässt sich in drei Strophen gliedern:

- Verweis auf das mythische Urgeschehen (1,1-5)
- Abriss der Vorgeschichte und der Ereignisse, die in der ersten Hälfte des Evangeliums zur Sprache kommen (1,6-13)
- Verbindung mit dem Glauben und der Erfahrung der Hörer und Leserinnen. Als Hauptfiguren tauchen auf: Jesus, Johannes der Täufer und Moses (1,14-18)

Johannes wählt für sein religiöses Drama den größtmöglichen Zusammenhang und lässt sein Evangelium in der Zeit vor aller Zeit, vor der Schöpfung, beginnen. Johannes und sein Kreis haben den Text nicht erfunden, sondern ein altes jüdisch-weisheitliches Lied übernommen und ihre eigenen geschichtlichen Daten eingetragen.

So könnte das Lied gelautet haben:
Der im Anfang bei Gott war,
alles ist durch ihn geworden, und ohne ihn wurde auch nicht eines;
was geworden ist, in dem war er Leben,
und das Leben war das Licht der Menschen;
und das Licht leuchtet(e) in der Finsternis,
aber die Finsternis hat es nicht ergriffen.
In das Seine kam er, aber die Seinen nahmen ihn nicht auf;
die ihn aber aufnahmen, denen gab er Vollmacht, Kinder Gottes zu werden.

Der Ausgangspunkt (1,1-5)

Der Prolog erinnert an das Schöpfungslied: *Im Anfang schuf Gott Himmel und Erde* (Gen 1,1). Johannes kopiert aber die alte Schöpfungserzählung

nicht, sondern erzählt sie für seine Zeit neu. Es ist also ein Midrasch zur Schöpfungsgeschichte.
Im Unterschied zum ersten Satz der Bibel hat im Johannesevangelium Gott ein Gegenüber: das Wort. Aus der Einheit von Gott (Theos) und dem Wort (Logos) entsteht dann die Schöpfung. Der Logos ist eins mit Gott und doch etwas Eigenes. Diese Vorstellung von Gott in Beziehung von Anfang an wurzelt in der jüdischen Weisheitstradition. Das Wort im Johannesevangelium trägt entsprechend unverwechselbare Züge der Sophia, der Frau Weisheit (z. B. Spr 8,22-24; Sir 24,1-7; Weish 7,24f).[20]
Während im Schöpfungsbericht Gott zuerst das Licht erschafft, ist im Johannesprolog das Licht selber göttlich. Licht und Leben meinen beide das Gleiche. Dieses Lebenslicht wird nicht erst im Kampf mit der Dunkelheit eingeführt. Ohne sich durchsetzen zu müssen leuchtet es einfach mitten in der Finsternis. Diese Finsternis kann es nicht aufnehmen, also auch nicht zerstören. Sie kann es aber auch nicht annehmen im positiven Sinn: Sie kann es nicht begreifen (1,5). Der scharfe Gegensatz und Streit zwischen Licht und Finsternis wird dann erst in der folgenden Strophe ausgeführt.

Der Weg auf die Erde (1,6-13)

Nun macht sich das Lebens- oder Lichtwort aus dem Überzeitlichen und Überweltlichen auf den Weg in die Welt. Das Urgeschehen lässt sich in die Geschichte ein. Dabei ist es nicht allein: Es hat einen Vorläufer, Johannes. Im Unterschied zum Täufer wird der Name des fleischgewordenen Wortes, Jesus, im Prolog noch gar nicht genannt. Warum wohl? Vielleicht, damit an der Einheit dieses Wortes bis ins Fleisch hinein kein Zweifel aufkommen kann.
Diese Verse beinhalten eine Kurzfassung der ersten Hälfte des Evangeliums, die den Weg des schöpferischen Lichtwortes zu den Menschen beschreibt. Dagegen wird der Rückweg zum Vater in diesem Vorwort gar nicht angesprochen. Das bedeutet: Dieser Prolog ist kein technisches Inhaltsverzeichnis, sondern eine Einstimmung: Die Menschen sollen sich für das *Kommen* öffnen (nicht für das *Gehen*).
Dieses machtvolle Urwort ist passiv auf Aufnahme angewiesen. Viele weisen es ab, andere lassen es wohnen wie eine Untermieterin:
Er war in der Welt, und die Welt ist durch ihn geworden, aber die Welt erkann-

---

20 Zur Gestalt und Theologie der Frau Weisheit: HECKING, D. / WALDMÜLLER-ISENEGGER, G. / WÄFFLER-BOVELAND, A., Sehnsucht nach Gerechtigkeit. Denken und Handeln nach dem Buch der Weisheit (WerkstattBibel 3), Stuttgart 2002.

te ihn nicht. Er kam in sein Eigentum, aber die Seinen nahmen ihn nicht auf. Allen aber, die ihn aufnahmen, gab er die Macht, Kinder Gottes zu werden, allen, die an seinen Namen glauben. (1,10-12)

Ankommen bei den Menschen: Das Wort wird Fleisch (1,14-18)

Nun verabschiedet sich der Erzähler. Diejenigen, die das Wort aufnehmen, kommen jetzt selber zur Sprache mit ihrer Erfahrung:
Und das Wort ist Fleisch geworden und hat unter uns gewohnt. (1,14)
Erst jetzt, wo *wir* es bei *uns* wohnen lassen, wird im Lied gesungen, dass dieses Wort Fleisch angenommen hat. Das wird erst hier gesagt, wo es konkret wird unter Menschen: Das Wort wird hier und jetzt Fleisch.
War zuerst eine Rede aus der Ewigkeit zu vernehmen, dann ein Zeugnis aus der Geschichte mit Johannes, so wird nun ein Bekenntnis gesprochen, das die Gegenwart beleuchtet. Im letzten Vers schließt sich der Kreis. Im Bekenntnis werden Mythos und Geschichte zusammengefügt:
Der Einzige, der Gott ist und am Herzen des Vaters ruht, hat Kunde gebracht.
Wieder wird der Logos weisheitlich beschrieben: Die Sophia ist das «Schoßkind» Gottes (Spr 8,30) und seine Throngenossin (Weish 9,4). In Sophia-Jesus Christus gibt es eine Erfahrung der göttlichen Wirklichkeit. Dieses Lichtwort, Fleisch geworden, hat Kunde gebracht, also Gott in unsere Geschichte hinein ausgelegt.
Mit dem Bekenntnis endet das Lied. Es enthält eine Herausforderung an die Leserinnen und Hörer: Jeder Mensch, der dem Logos begegnet, kann aus der Finsternis ins Licht treten und das Lichtwort beherbergen. Das Evangelium erzählt, wie Menschen dies getan haben.

2 Wasser (Joh 4,1-42)

Wasser ist die Grundvoraussetzung für Leben. Menschen bestehen zum größten Teil aus Wasser. Wasser ist allgegenwärtig, lebensnotwendig und schwer zu fassen. Wasser begleitet nach dem Zeugnis des Johannesevangeliums den ganzen Lebensweg Jesu:
Von der Taufe am Jordan über die Hochzeit in Kana (das erste Wunder), das Gespräch mit der Samaritanerin am Brunnen, das Taufgespräch mit Nikodemus, die Heilung am Teich Betesda, die Fußwaschung beim letzten Mahl, das Wasser, das aus dem Leib des Gekreuzigten bricht, bis zum Platz am Seeufer, wo Jesus mit dem Frühstück wartet.
Jesus sagt nie: Ich bin das Wasser. Er sagt zwar: Ich bin das Brot, ich bin das Licht der Welt, ich bin der Hirte, ich bin der Weinstock ... aber nicht Wasser. Im ersten Testament ist Wasser Gott und die Weisheit: «Mich, die lebendige Quelle, verlässt mein Volk und machen sich Zisternen ...» (Jer 2,13) oder in der Weisheitsliteratur: «Rings um den Brunnen (der Gerechtigkeit) gab es viele Brunnen der Weisheit. Alle Durstigen tranken daraus und wurden mit Weisheit erfüllt» (aeth. Hen 48,1 vgl. Mt 5,6).
In unserem Text kommt Verstopftes ins Fliessen, kann Blockierendes zurück gelassen werden. Wir verbinden uns zuerst mit den eigenen Erfahrungen lebendigen Wassers, lassen sie los und gehen auf den Text zu.
Erst wenn wir uns mit ihm auseinander gesetzt haben, kommen unsere «SklavInnenkrüge», die uns vom lebendigen Wasser trennen, zur Sprache. Wir identifizieren sie, lassen sie los und setzen uns (wie die Samaritanerin, wie das Wasser) in Bewegung.

Dauer	*Inhalt und Vorgehen*	*Material*
	wahrnehmen und loslassen: **Wo ist das Wasser?**	
10'	Begrüßung und Einstimmung im Kreis. Die Mitte ist als Brunnen gestaltet (blaues Tuch und Steine als Brunnenrand). Im Raum sind Schalen mit Wasser verteilt	Blaues Tuch, Steine, Wasserkrug, Papierkrüge, Gong
15'	Dreiergruppen sammeln sich um eine Schale mit Wasser. Austausch: Was ist lebendiges Wasser? Verbinde ich eine Geschichte, einen Wunsch damit? Wasserschalen in den «Brunnen» stellen	Schalen, Wasser Gong, um in den Kreis zu rufen
	einlassen und erproben:	

	Was ist lebendiges Wasser?	
10′	Lt liest Joh 4 vor, die Teilnehmenden (Tn) hören zu	
20′	In der Dreiergruppe mit verteilten Rollen lesen (Jesus, Samaritanerin, ErzählerIn). Austausch: Wie ging es mir in meiner Rolle? Was sagt mir der Text?	Textblatt zu Joh 4
10'	Pause	
20'	Austausch im Plenum und Impuls der Lt zum SklavInnenwerkzeug	
	begrüßen und zulassen: **Ins Fliessen kommen**	
20′	Die Samaritanerin wird selber lebendiges Wasser und kann sich von ihrem Krug, dem Werkzeug der Sklavin, trennen. Können wir das auch? Alle nehmen einen Krug zur Hand, überlegen, was er für sie bedeutet, lehnen ihn schweigend an den Brunnenrand und setzen sich in Bewegung: Gehmeditation	Papierkrüge
15'	Die Mitte anschauen. Vielleicht ist noch etwas zu sagen, zu bitten? Wir lassen den Krug wie die Samaritanerin einfach stehen. Wir müssen ihn nicht zerstören. Vielleicht geben Sie den Tn einen Eiswürfel in die Hand und denken über den nächsten konkreten Schritt als lebendiges Wasser nach. Lied. Stille. Gong. Abschiedssegen.	Eiswürfel

Kommentar

«Sychar», der Ort, an dem die Geschichte spielt, heißt «Verstopfung». In Sychar ist das Leben durch tradierte und angelernte selbstverständliche Abgrenzungen blockiert. Aber es kommt in Fluss.

wahrnehmen und loslassen In der Mitte liegt ein blaues Tuch, das von Steinen umgeben ist. Daneben steht ein Krug. In diesem Krug stecken kleine Papierkrüge. Unterschiedliche Profile von Vasen, Wasserkrügen oder Töpfen in verschiedenen Farben sind aus dickem Papier ausge-

schnitten. Die Begrüßung und Einstimmung beginnt mit einer Stille (2') und vielleicht einem Lied. Evtl. müssen sich die Teilnehmenden noch einmal gegenseitig ihren Namen sagen. Vielleicht sind seit dem letzten Treffen Fragen aufgetaucht, die eine Antwort im Plenum verlangen.
Wir beginnen wieder mit unseren Erfahrungen. Es geht nicht einfach um Wasser, sondern darum, dass wir alle eine Ahnung haben, was lebendiges Wasser sein könnte (ein Schluck Wasser auf einer Bergtour; der heilige Fluss Ganges, der zwar dreckig ist, aber die Badenden nicht krank macht; ein Vollbad nach einem zermürbenden Tag ...). Beispiele aus Ihrem eigenen Erleben können die Erinnerung der Teilnehmenden ins Fliessen bringen. Wünsche, die sich mit lebendigem Wasser verbinden, könnten sein: Genug Trinkwasser für alle Menschen; kein Krieg um Wasser; Zeit, einfaches Wasser zu genießen ...
Wasser rinnt und ist nicht leicht zu fassen. So auch lebendiges Wasser. Die Momente, in denen das Alltäglichste lebendig und durchsichtig wird auf das Ganze hin, leuchten auf und gehen vorbei.

einlassen und erproben Die Teilnehmenden haben etwas davon wahrgenommen, was lebendiges Wasser in ihrem Leben ist. Sie lassen ihre Erfahrung los. Nun ist Raum für etwas Neues. Wir hören zuerst die Wandlungsgeschichte der Samaritanerin am Jakobsbrunnen, dann lesen wir sie in verteilten Rollen. Die Erzählung ist sehr komplex und verwickelt. Im Dreiergespräch können die Teilnehmenden zuerst ihre eigene Interpretation finden und dann im Gespräch teilen. Die Leitung steht für Fragen zur Verfügung und ergänzt, wenn nötig, die sozialgeschichtlichen Hintergründe.

begrüßen und zulassen Ausgehend davon werden die Teilnehmenden eingeladen, sich wie die Samaritanerin von ihrem Krug der Sklaverei zu trennen. Sie spüren einer Erfahrung nach, die Leben stocken lässt (z. B. Arbeitsbelastung; Zerstreuung durch viele verschiedene Aufgaben in Familie, Beruf und Freizeit; innere Unruhe; eine Feindschaft oder Unversöhnlichkeit ...). Wenn der «Brunnen» von den hinderlichen Krügen umgeben ist, könnte z. B. folgendes Gebet helfen, beides (Erfahrung lebendigen Wassers und Widerstand) wahrzunehmen und der Wandlungskraft anzuvertrauen:
«Gott des Lebens, wir wissen etwas vom lebendigen Wasser. Wir kennen auch Widerstände, die das Wasser stauen oder vereisen. Öffne uns für die Ströme lebendigen Wassers. Amen.»
Gehen ist eine einfache und grundlegende Form der Aneignung und Verarbeitung. Eine mögliche Anleitung oder Einleitung:

«Sie haben Ihren Krug mit Ihrer Blockade abgestellt. Sie lassen ihn am Brunnen. Nun können Sie gehen. Die Samaritanerin ist zu lebendigem Wasser geworden. Sie haben nun Zeit zu gehen, in Ihrer Weise, Ihrem Tempo. Das lebendige Wasser ist nicht im Brunnen, sondern in Ihnen selber, in jedem und jeder von uns. Gehen Sie hinein in diese Erfahrung, Sie sind lebendiges Wasser. Sie haben etwa sieben Minuten Zeit, einfach zu gehen, als lebendiges Wasser zu fließen. Schnell oder langsam, wie munteres Quellwasser oder ein mächtiger Strom. Probieren Sie aus. Lassen Sie sich ganz für sich auf ihre Wasserkraft ein. Gehen Sie, fließen Sie. Schauen Sie etwa eineinhalb Meter vor sich auf den Boden. Sie dürfen ganz bei sich sein. Erst wenn der Gong ertönt, wenden Sie bitte Ihre Aufmerksamkeit wieder der Gruppe zu und kommen in Ihrem Tempo in den Kreis zurück.»
Im Schlusskreis können Bitten und Erfahrungen ausgesprochen werden. Das Überwinden der Verstopfung (Sychar) kann mit Eiswürfeln noch einmal anders erfahren werden: Das Eis schmilzt in unseren Händen. Vielleicht lassen wir uns, während wir das Eis mit unserer Wärme zum Schmelzen bringen und nasse Hände bekommen, den nächsten Schritt einfallen. Wer will, vervollständigt den Satz für sich und spricht ihn aus, z. B.: «Als lebendiges Wasser nehme ich mir morgen Zeit an unseren Fluss/Bach/See zu gehen; als lebendiges Wasser suche ich ein Wasserprojekt einer Entwicklungshilfeorganisation, für das ich Geld spenden kann ...». Zum Schluss singen wir und hören auf den Klang des Gongs. Die Leitung spricht einen einfachen Segen.

Informationen zu Joh 4

Die berühmte Begegnungsgeschichte (Kap. 4) ist typisch für den vierten Evangelisten: Er führt nicht in kurzen Merksätzen vor, was geglaubt und getan werden soll, sondern nimmt sich Zeit für eine ausführliche Erzählung. Zwei augenfällig verschiedene Menschen – Mann und Frau, Samariterin und Jude, müder Wanderer und Wasserträgerin – begegnen sich am Brunnen, kommen ins Gespräch und lassen sich aufeinander ein. In ihrem sehr langen und sehr theologischen Dialog in der Mittagshitze ergründen sie, wie Menschen angesichts der Brunnentiefe an Wasser, an lebendiges Wasser kommen. Dieses lebendige Wasser, zu dem sie in ihrem Gespräch vorstoßen, erreicht schließlich über die beiden hinaus auch andere Leute – die Samariterin wird zur Missionarin ihres Dorfes.

Die Wege des Wanderers

Jesus ist auf Wanderschaft, das zeigt die Umgebung unserer Geschichte:
1. Weg: Jesus geht von Betanien nach Kana und Kafarnaum (1,19-2,12)
2. Weg: Jesus wandert von Galiläa nach Jerusalem (2,13-3,21)
3. Weg: Jesus reist von Jerusalem nach Betanien und von dort aus nach Kana und Kafarnaum (3,22-4,54)
Dieser dritte Weg Jesu bildet den Erzählrahmen zu Joh 4.
Nach der Einleitung, die sorgfältig die Szenerie erläutert (4,1-6), folgt der große Dialog am Jakobsbrunnen vor den Toren *Sychars* (4,7-26). In dieser geographischen Angabe zeigt sich übrigens die Ortskenntnis des vierten Evangelisten: Zur Zeit Jesu, zwischen der Zerstörung des berühmten *Sichem* und der Erbauung des römischen *Flavia Neapolis* durch Vespasian, hieß die Siedlung beim Jakobsbrunnen Sychar. Nach dem Gespräch verschränken sich zwei Erzählstränge: Die Samariterin führt ihre Landsleute zu Jesus (4,28-30.39-42), und Jesus deutet dieses Geschehen für seine Jüngerinnen und Jünger (4,27.31-38).

Das Gespräch am Brunnen

Der Dialog entwickelt sich über Fragen und Antworten bis zur Einsicht der Samariterin in das Geheimnis des Lebens, das in Jesus erfahrbar wird. Das grundlegendste Lebensmittel, das Wasser, das die Frau täglich mühsam vom Brunnen holen muss, bietet ihr die Möglichkeit, immer tiefer zu erfassen, wer sie um Wasser bittet und durch merkwürdige Antworten herausfordert. Die mutige, skeptische Frage: *Bist du etwa größer als unser Vater Jakob?* (4,12), mündet in die Erkenntnis: *Herr, ich sehe, dass du ein Prophet bist.* (4,19) Das als Frage gestaltete Bekenntnis vor den Landsleuten – *Ist er vielleicht der Messias?* – bringt die Leute in Bewegung und schließlich zur unmittelbaren Einsicht (4,42).
Obwohl das Gespräch von Missverständnissen geprägt ist (Jesus spricht beispielsweise vom lebendigen Wasser, und die Samariterin meint, es handle sich um Brunnenwasser), kann von einem Missverstehen nicht die Rede sein: Die Frau folgt der Spur Jesu und entwickelt sie mit ihren Gedanken weiter. Da sie Jesus als Propheten erkennt, will sie ihm die theologisch und politisch zentrale Frage stellen, ob nun der heilige Berg der samaritanischen Gemeinde, der Garizim, oder Jerusalem der Ort der wahren Anbetung sei. Jesus zeigt der Gesprächspartnerin die Alternative zur Frage nach dem Entweder-oder auf: *Gott ist Geist, und alle, die ihn anbeten, müssen im Geist und in der Wahrheit anbeten.* (4,23) Die heiligen Orte

sind damit nicht abgeschafft, aber die Haltung der Betenden wird zum zentralen Thema erklärt.
Die Frau ermöglicht als Missionarin die Begegnung zwischen Jesus und ihren Landsleuten. Die Szene zeigt nach der Berufung der ersten Jünger eine zweite Welle hin zu Jesus, diesmal in Samarien, wo Jesus Erfolg hat – im Gegensatz zu seinem Aufenthalt in Jerusalem davor.
In das missionarische Handeln der Samariterin und die gläubige Antwort der Bevölkerung ist ein Gespräch zwischen Jesus und seinen Jüngerinnen und Jüngern eingebaut, die vom Einkauf in Sychar zurückgekehrt sind und sehen, dass Jesus und die Samariterin miteinander sprechen (4,31-38). Wie es im Gespräch mit der Samariterin um den Durst geht, so handelt dieses zweite Gespräch vom Essen. Der Hinweis auf die Ernte und die Freude derer, die säen und ernten, deutet auf die Haupthandlung und interpretiert sie: Jesus hat gesät, und schon ist die Saat aufgegangen. Die MissionarInnen – die Samariterin und vielleicht auch die Jüngerinnen und Jünger – können schon ernten.

Die Befreiung der Wasserträgerin

Manche Bibelauslegungen haben diese Frau nur als unverständige Stichwortgeberin dargestellt, die dem tieferen Sinn dieses Gesprächs nicht gewachsen ist. Sie galt außerdem lange als schlechte Frau, die sich nur in der Mittagshitze zum Brunnen wagt, um den rechtschaffenen Nachbarinnen nicht zu begegnen, die dann im Schatten ihrer vier Wände Siesta halten. Das Bild von der sexuell unmoralischen, naiven und schließlich reuigen Samaritanerin entspricht eher Klischees der Theologen als der Erzählung.
Aus dem dramatischen Dialog zwischen Jesus und der Frau ist eher auf eine hervorragende Missionarin zu schließen, die in den ersten samaritanischen Gemeinden wirkte. Die namenlose Samariterin wird nämlich nicht als demütige Sünderin, sondern als aktive, erfrischend schlagfertige und wirkmächtige Gesprächspartnerin dargestellt. Ihr Zeugnis erreicht sogar Nachbarinnen und Nachbarn, die normalerweise mit prophetischen Nachrichten wenig anzufangen wissen; bekanntlich stoßen ja ProphetInnen zu Hause auf verschlossene Ohren. Die Gesprächspartnerin Jesu wird in unserer Geschichte gar nicht des Ehebruchs beschuldigt; Jesus verurteilt ihre vielen Ehen nicht. Die Frau wird wohl eine von vielen gewesen sein, die oft durch traurige Schicksale gezwungen waren, Ketten-Ehen zu führen. In der Antike mussten Menschen aus verschiedenen Gründen nach dem Tod des Gatten oder der Gattin bald wieder

heiraten. Gerade für Witwen oder Geschiedene mit Kindern war die Ehe häufig fast die einzige Lebensform, die eine – wenn auch fragile – ökonomische Sicherheit versprach.
Die Samariterin wird jedoch nicht einfach als Opfer der Verhältnisse beschrieben, sondern als Handelnde gezeichnet: *Auf, seht einen Menschen, der zu mir über alles sprach, was ich getan habe* (4,29). Ihre Taten, die vielen Eheschließungen, werden in keiner Weise verurteilt. Diese Frau war also keine reuige Sünderin, sondern eher eine mehrfache Witwe, die durch die sozialen und politischen Umstände zur versklavten Wasserträgerin wurde. Als solche hatte sie nicht nur den eigenen Haushalt mit Wasser zu versorgen, sondern musste diese schwere Arbeit auch noch für einen Mann tun, der nicht ihr Ehemann, sondern ihr Besitzer war. Der Evangelist berichtet ganz genau, was die Frau am Ende des Gesprächs tut: Sie lässt ihren Eimer am Brunnen stehen und geht weg (4,28). Sie befreit sich also durch die Begegnung mit Jesus aus ihrem Sklavinnendienst. Die durstige, überarbeitete und ausgebeutete Frau verwandelt sich durch das Brunnengespräch in eine Frau, die das lebendige Wasser sucht, es empfängt und weiterträgt. Sie wird nicht mehr als Wasserträgerin arbeiten, sondern selber Quelle und Schöpfgefäß für lebendiges Wasser sein: Der Eimer – das Werkzeug für ihren Sklavendienst – bleibt zurück.[21]

[21] SCHOTTROFF 1992.

3 Brot (Joh 6)

Brot nährt. Es verbindet die Menschen, die es zusammen essen. In allen Evangelien sind die Brotvermehrungsgeschichten als Gemeinschaftsgeschichten erzählt. Die Leute versammeln sich und essen in Gruppen. Das ist auch bei Johannes so.

In diesem Evangelium, das keine Abendmahlsszene kennt, sondern die Fußwaschung als zentrales Sakrament beim letzten Mahl überliefert (Joh 13,1-20), ist Brot Gemeinschaftselement, aber auch Konfliktstoff. Das «Zeichen» der Brotvermehrung beglaubigt den Satz «Ich bin das Brot» nicht. Dieses «Zeichen» eröffnet im Gegenteil eine sehr konflikthafte Suchgeschichte, die darin gipfelt, dass viele Menschen von Jesus weggehen. Die Leute haben zuerst das «Zeichen» erfahren und verlangen dann nach einem «Zeichen», als ob vorher gar nichts gewesen wäre. Aber ein Zeichen hilft ihnen nicht. Sie müssen wahrnehmen und entscheiden, was sie nährt. Am Brot scheiden sich die Geister. Was sättigt? Kann ich bleiben, oder muss ich gehen?

In dieser Werkstatt beginnen auch wir mit dem Brot. Der Geruch von Hefe und feuchtem Mehl leitet und unterstützt die Suche und den Austausch über das, was uns leiblich, seelisch, geistig nährt.

Wir teilen unsere Erfahrungen, machen gemeinsam eine neue und legen sie dann ab. Der Bibeltext führt uns in Auseinandersetzung damit, dass das gemeinsam gegessene Brot nicht unbedingt zur Sättigung und zum Glauben führt, sondern auf die Suche und schließlich zur Entscheidung. Erfahrung allein ist nicht das Ziel – sie muss «verdaut» und umgesetzt werden. Mit den verschiedenen Übungen am Text wird dies erprobt.

Nicht jedes Brot nährt. Wir können und müssen uns vom Brot trennen, das wir nicht mehr essen wollen. Und vielleicht wissen wir am Ende etwas genauer, was uns nährt.

Dauer	*Inhalt und Vorgehen*	*Material*
	wahrnehmen und loslassen: **Was nährt?**	
5'	Begrüßung und Einstimmung im Kreis	Mitte mit Zutaten für Brot, Gong
20'	In Gruppen Brotteig herstellen. Während des Knetens Austausch über das, was nährt. Brotteig mit feuchtwarmem Küchentuch abdecken. Hände waschen. Teigschüsseln in die Mitte stellen	Schüsseln, Tücher, warmes Wasser, Ort zum Händewaschen

	einlassen und erproben: **Unterscheidung am Brot**	
15′	Textpuzzle (6-10 Teile) in Gruppen oder im Plenum. Alle Tn erhalten einen Textausschnitt aus Kap. 6 (ohne Versangaben) und rekonstruieren den Text	Textpuzzle Stellwand, Nadeln für die Ergebnisse
25'	Gespräch und Impuls zum «Zeichen» der Brotvermehrung und der Trennung, die sich überraschend daran anschließt.	Bibeln
10'	Pause	
20'	Gruppengespräch in der «Knetgruppe»: Welchen Weg nimmt der Hunger der Leute? Woran scheiden sich die Geister? Wer bekommt, was er/sie braucht? Wo finde ich mich wieder?	Bibeln Arbeitsblatt
	begrüßen und zulassen: **Brot des Lebens formen, segnen und backen**	
20′	Die Gruppen kommen wieder in den Stuhlkreis, nehmen ihren Teig und teilen ihn auf. Alle kneten ihr Stück noch einmal für sich allein und überlegen: Welches oder wessen Brot esse ich nicht mehr? Welches, wessen Brot nährt? Sie trennen ein kleines Teigstück ab und legen es weg als Symbol für das Brot, das sie nicht mehr essen wollen. Alle formen ihr «Brot des Lebens» und legen es in die Mitte. Das kleine Teigstück wird in einer Feuerschale drinnen oder auf einem Feuer draußen verbrannt. Das Lebensbrot gemeinsam segnen. Lied singen. Die Tn backen dann ihr Brot bei sich zu Hause	Feuer Mehl Plastikfolie

Kommentar

wahrnehmen und loslassen In der Mitte des Stuhlkreises liegen für jede Gruppe (4-5 Pers.) die Backzutaten (ca. 250 g Mehl pro Person in einer weiten Schüssel, Krug für das handwarme Wasser, Hefe, Salz) auf einem weißen Tuch bereit. 2' Stille geben die Möglichkeit, bei sich und im Kreis anzukommen. Nach der Begrüßung werden die Gruppen nach Neigung

oder nach Vorlieben eingeteilt, z. B. Wer isst gern welches Brot? Sauerteigbrot? Baguette? Dunkles Hefebrot? Helles Brot? (Regionale Spezialitäten berücksichtigen). Mögen zu viele die gleiche Sorte, wird weiter differenziert: Honigbrot? Butterbrot? Käsebrot? Schinkenbrot? …
Die Gruppen holen sich warmes Wasser (z. B. heißes Wasser aus dem Wasserkocher mischen mit kaltem Leitungswasser), verbinden die Zutaten und kneten den Teig. Dabei erzählen sie einander: Wann ist eine Mahlzeit wirkliche Nahrung für mich? Die Teigschüsseln zugedeckt in die Mitte stellen.

einlassen und erproben Zwei Brotgruppen zusammen erhalten Textausschnitte und müssen daraus die Geschichte wieder zusammen bauen (z. B. für 10 Teilnehmende: 6,1-15.16-21.22-29.30-35.36-41.42-47.48-51.52-59.60-66.67-71). Kleine Werkstätten arbeiten im Plenum. Es ist hilfreich, die Verse groß und damit gut lesbar zu kopieren.
Im Zusammenbauen dieses Kapitels kann der besondere Weg von der Sättigungserfahrung zur Entscheidung für oder gegen das Brot Jesu sichtbar werden. Im Plenum werden die Lösungen, die an die Stellwände geheftet wurden, miteinander angeschaut. Hier ist Gelegenheit zum Gespräch über Beobachtungen am Text und für zusätzliche Informationen durch die Leitung Diese muss damit rechnen, dass die Teilnehmenden Verständnis für die Leute haben, welche die Brotrede unerträglich finden (vgl. Informationen zum Text). Sie sollte Empörung oder Ablehnung im Gespräch aufnehmen, begleiten und loslassen, z. B. nachfragen: Welcher Aspekt ärgert mich? Welche anderen Worte und Handlungen würde ich mir wünschen? Warum ist es (für uns) so unerträglich, dass viele gehen?
In der Gruppenarbeit wird der Weg noch einmal an Hand von Fragen mit den eigenen Lebenswünschen (s. o.) verbunden. Sie finden vielleicht auch Ausdruck in der Form, die wir dem Brot geben.

begrüßen und zulassen Das Kneten selber ist eine Meditationsübung. Indem ich Brotteig mit meinen Händen verändere, der von der Hefe belebt und verwandelt wurde, kann eine Erfahrung entstehen, dass ich mich selber in die Hand nehmen und gestalten kann.
In jüdisch-orthodoxen Haushalten wird jeweils ein kleines Teigstück des Sabbatbrotes in Erinnerung an das Exil verbrannt. Wenn wir ein Stückchen unseres Brotes verbrennen, dann machen wir uns Exile bewusst, die wir anerkennen, aber nicht mehr «füttern» wollen. Das Feuer muss

rechtzeitig (am besten mit Kohle) entfacht werden, damit die Teigstücke auch wirklich verbrennen.
Wenn die gekneteten und geformten Brote auf dem bemehlten Tuch in der Mitte liegen, werden die Teilnehmenden eingeladen, ihre Hände segnend über den fertigen, aber rohen Broten auszustrecken und sie zu segnen. Nach jedem ausgesprochenen Segen antworten alle mit «Amen» (oder einem Liedvers). Wer will, segnet die Brote still. Zum Schluss nehmen alle ihr Brot und wickeln es in Folie. Die Wandlung des Teigs in nahrhaftes Brot steht noch aus. Vielleicht braucht es noch eine Backanweisung (aus ökologischen Gründen in den kalten Ofen schieben, bei ca. 180 Grad etwa 40' backen). Es ist gut möglich, den Teig über Nacht im Kühlschrank aufzubewahren, und das Brot morgens zu backen. Wer nicht selber backen kann, findet jemanden, der/die das übernimmt und holt dann das fertige Brot dort ab. Evtl. muss zuvor abgeklärt werden, ob jemand an einer Glutenallergie oder Hefeempfindlichkeit leidet. Diese Teilnehmenden sollen ihre Zutaten selber mitbringen.
Die Einheit kann draußen stattfinden. Das Feuer wird dann von einer Drittperson vorbereitet. Mit etwas Zeit lässt sich am Feuer Stockbrot backen und miteinander essen.

Informationen zu Joh 6

Der erste Teil (1-24) klingt bekannt. Ähnliche Geschichten überliefern auch die Synoptiker (Mk 6,30-52; 8,1-10 parr). Ihr gemeinsames Vorbild ist 2 Kön 4,42. Auch bei der zweiten Speisung, die Markus erzählt, folgt ein Streitgespräch mit Zeichenforderung (Mk 8,11-13). Den PharisäerInnen, die (ausgerechnet!) nach der Brotvermehrung kommen, streiten und ein Zeichen sehen wollen, sagt Jesus, dass diese Generation niemals ein Zeichen erhalten wird. Dann lässt Jesus sie einfach stehen. Zwei Perikopen weiter finden wir dann das Petrusbekenntnis (Mk 8,27-29).
Im Unterschied zu den Synoptikern spielt die Brotvermehrung im Johannesevangelium auf der anderen, also der Ostseite des Sees. Die Menschen sind angezogen durch die «Zeichen» die Jesus an den Kranken tat. Jesus steigt auf den «Berg». Der Berg spielt auf den Gottesberg Horeb oder Sinai an. Es ist der Ort der Offenbarung. Auch die Zeitumstände sind dem Evangelisten wichtig: Das Zeichen geschieht kurz vor dem Paschafest, dem Fest der Befreiung, an dem der Auszug aus der Sklaverei gefeiert und vergegenwärtigt wird («Heute sind wir aus dem Sklavenhaus befreit»). Im Exodus ist das Brot anders als sonst: Der eilige Auf-

bruch lässt keine Zeit zum Kneten und Ruhenlassen des Teigs. Es wird ohne Säuerungsmittel zu einem harten Fladen gebacken (*Matzen* heißen diese Brote, die am Paschafest gegessen werden). Exodusbrot ist aber auch das Manna, das Brot vom Himmel, das den Menschen auf ihrem Befreiungsweg durch die Wüste Nahrung gibt. Auf dieses Brot bezieht sich dann Jesus in der Brotrede (Ps 78,24). Die Zeit vor und während des Paschafestes ist auch in realpolitischer Hinsicht aufgeladen. Befreiungsbewegungen formieren sich, und aus Angst vor Aufständen wird der (römische) Druck auf jüdische Gemeinschaften erhöht. In diesem Zusammenhang leuchtet ein, warum die Leute Jesus zum König machen wollen (6,15): Jesus ist der verheißene neue Profet (Dtn 18,15.18). Sie haben Recht, aber die Schlüsse, die daraus zu ziehen sind, müssen für Johannes noch geklärt werden. Also entzieht sich Jesus wieder und geht allein auf den Berg der Gottesbegegnung. Das betonte «allein» weist auf eine christologische Bedeutung hin: Jesus ist dort allein mit dem Vater. Aus dieser Einheit ist das Zeichen zu verstehen, wie alles, was der vom Vater gesandte Sohn tut (6,38).

Bei Johannes steht das Zeichen der Brotvermehrung am Anfang des Erzählzusammenhangs. Anders als bei den Synoptikern hält Jesus zuvor keine lange Lehrrede, die bis zum Abend die Leute ermüdet und hungrig macht. Die Leute sehen, die JüngerInnen wissen von Anfang an, wer Jesus ist. Aber lassen sie sich durch dieses Wissen ergreifen und verwandeln, ziehen sie die richtigen Schlüsse daraus? Darum geht es dem Evangelisten. Philippus hat (und mit ihm haben die LeserInnen) Jesus ganz am Anfang als den Verheißenen erkannt (1,45). Die Erprobung des Philippus zeigt aber, dass diese Erkenntnis in ihm noch nicht wirklich angekommen, Fleisch geworden ist (6,5-7). Dazu braucht es die folgenden Klärungen und Scheidungen. Zuerst aber symbolisieren Finsternis und Sturm, wie es um die JüngerInnen bestellt ist: «... und Jesus war noch nicht zu ihnen gekommen» (6,17). Sie können ihn nicht zu sich ins Boot nehmen, sondern gehen – als Schilfmeergemeinschaft (Ps 78,13) – zusammen an Land. Die Leute, die sich dann über diese rätselhafte Reise über das «Meer» wundern, suchen Jesus. Dieser geht nicht auf ihre unbeholfene Frage ein, sondern konfrontiert sie mit dem Grund ihrer Anwesenheit: Sie sind hier, weil sie satt geworden sind. Für Leute, die hungern, ist das doch ein guter Grund, wieder zu kommen! Aber Jesus will den Suchenden zeigen, dass sie sich vom Brot nähren können, das «bleibt». Wer davon isst, bleibt auch. Etwas davon verstehen sie, das zeigt ihre Rückfrage nach den Werken. Sie werden aufgefordert, in das Werk Gottes durch Glauben einzuwilligen. Das ist aber ein passives Tun.

Das Johannesevangelium steht in der jüdischen Tradition, die in der Endzeit eine Fülle erwarten, die weit über das Mannawunder in der Wüste hinausgeht. In johanneischer Theologie heißt das: Jesus ist das wahre «Brot Gottes». Hunger und Durst (Samaritanerin!) finden in Jesus endgültig Sättigung. Um satt zu werden, muss in die Einmaligkeit des (sakramentalen) Moments und in die Passivität des Glaubens eingewilligt werden. Da nützt alles «Werken» nichts, da kann man keine Knöpfchen drücken, damit es noch einmal funktioniert.
Nicht nur das Manna, auch das Murren ist eine Erinnerung an die Wüstenzeit (Ex 16,2.7.12; Ps 106, bes. 24f). Die Missverständnisse nehmen bis zu Jesu Aufforderung, sein Fleisch zu essen, zu. LeserInnen erinnern sich an den Prolog, wo das Wort unter den Glaubenden Fleisch wird (1,14). Nur an diesen beiden Stellen ist christologisch vom Fleisch die Rede. Die Deutung der Eucharistie/Abendmahlsfeier von der Schöpfung und Inkarnation/Fleischwerdung her ist auch in anderen frühkirchlichen Dokumenten belegt. «Fleisch und Blut» meint traditionell das sterbliche Menschsein. Hier sind «Fleisch und Blut», die Jesus anbietet, «bleibende» Teilhabe an der Wirklichkeit des Gefolterten, der auferstanden ist. Sie bedeuten Fleischwerdung der neuen Schöpfung in und unter sterblichen, geschundenen Menschen.
Das ist nicht nur den GegnerInnen unverständlich, sondern auch für die JüngerInnen «hart». An diesem «Lebensbrot» scheiden sich die Geister.
Nur ein kleiner Kreis kann sich von diesen Worten nähren. Die anderen gehen weg. Das Brot, das sie bekommen, die Wunder, die sie gesehen haben, nähren sie nicht. Jene, die bleiben (symbolisiert durch den Zwölferkreis), finden zu einer neuen Klarheit. Sie wissen nun, warum sie da sind und warum sie bleiben: Sie haben gefunden, was nährt.

M 1 Der Aufbau von Joh 6 und Fragen auf den Weg

Aufbau der Szene in Kap. 6	
Erzählung 1. Teil (6,1-15)	Wunderbare Speisung • Einleitung: Jesus steigt auf den Berg, viele folgen ihm, es ist die Zeit vor dem Paschafest • Speisung der 5000 • Die Männer wollen Jesus zum König machen
Erzählung 2. Teil (6,16-21)	Jesu Gang auf dem Wasser • Einleitung: Die Jünger steigen ins Boot, geraten in einen Sturm • Jesus begegnet den Jüngern, gibt sich zu erkennen («ich bin es») • Gemeinsam kommen sie ans Ufer
Dialog 1. Teil (22-29)	• Einleitung der Szene • Gespräch über die Sättigungserfahrung
Dialog 2. Teil (30-59)	• Zeichenforderung und Bitte um das wahre Brot • Unglaube und Ärger über Jesu Worte • Stein des Anstoßes: Jesu Fleisch als lebendiges Brot
Erzählung 3. Teil (6,60-66)	Viele JüngerInnen wenden sich ab
Erzählung 4. Teil (6,67-71)	Die Zwölf bleiben, aber nichts ist garantiert: Der Teufel ist auch unter ihnen

Welchen Weg nimmt der Hunger der Leute?
Woran scheiden sich die Geister?
Wer bekommt, was er/sie braucht?
Wo finde ich mich wieder?

Jesus verlässt die Augenhöhe der Ankläger. Er bückt sich, schreibt, schweigt. Durch diese Körpersprache entzieht er sich dem selbstgerechten Urteil und der Verbrüderung auf Kosten der Schwächeren. Im Kontakt mit der Erde zeigt sich, welche Lehre guten Gewissens verkündet und gelebt werden kann. Welche Lehre hält Prüfungen und Anbiederungen stand?
Der Text hat seine Tücken: Nach der Tora sollen beide, *Mann und Frau, wenn sie auf frischer Tat ertappt werden, gesteinigt werden. Die johanneische Gerichtsszene entspricht also gerade nicht «jüdischem Gesetz» und hat das Zerrbild des frauenfeindlichen Judentums doch entscheidend mitgeprägt. Was in dieser Szene passiert – Jesus verweigert sich der Logik der Gewalt – muss auch die Haltung gegenüber antijüdischen und rassistischen Vorurteilen sein: Im Kontakt mit der Erde das gewaltsame, selbstgerechte Gerede unterlaufen.*
In dieser Einheit geht es um die Erfahrung, dass wir der Ausgrenzung und Gewalt, die uns als ZuschauerInnen und MittäterInnen aufgedrängt werden, nicht einfach ausgeliefert sind. Im Kontakt mit der Erde können wir die KomplizInnenschaft verweigern. Wir knüpfen an Erfahrungen von Bewegung und Widerstand an, um uns dann auf die Kraft einzulassen, die uns Richtung gibt und mit dem Leben verbindet.

Dauer	*Inhalt und Vorgehen*	*Material*
	***wahrnehmen und loslassen*:** **Provokation und Bewegung**	
5'	Begrüßung und Einführung im Kreis	Mitte mit Sand, Gong
10'	Die Tn suchen sich einen Platz auf dem Boden und lesen dort den Text laut für sich alleine. Jeder für sich konzentriert sich auf den Bewegungsablauf Jesu, vollzieht ihn zweimal nach und setzt sich dann am gewählten Ort hin. Frage der Lt: Was drückt sich in den Bewegungen Jesu aus? Sitzend ein Wort oder einen Satz dazu aufsteigen lassen, laut ins Plenum geben.	Bibeln
30'	Rollenspiel im Plenum: Ist dies eine Möglichkeit, Gewaltdynamik zu unterbrechen? Sah das glaubwürdig aus? Kurzer Austausch	
10'	Pause	

	***einlassen und erproben*:** **Provokation und Lehre**	
30'	Text im Chor lesen. Impuls zum Text. Gespräch	Bibeln
10'	Einführung in die Einzelarbeit	
15'	Einzelarbeit mit den fünf Schritten eines Wandlungsrituals	Bibel, Stifte Materialblatt
	***begrüßen und zulassen*:** **Die wirksame Antwort**	
20'	Ritual gemeinsam sprechen. Lied	Liedblatt, Gong

Kommentar

wahrnehmen und loslassen In der Mitte Sand in einer Schale oder (großflächiger) auf einem plastifizierten Tuch. Dazu eignet sich Sand aus einem Sandkasten oder Spiel- oder Rasensand, der in Säcken angeboten wird.
In der ersten Übung kann erfahren werden, dass Körperbewegungen Widerstand nicht nur ausdrücken, sondern ermöglichen können. Jesus sitzt, beugt sich hinunter, richtet sich auf, dreht sich ... Die Teilnehmenden lesen für sich den Text und gehen in die Haltungen Jesu hinein. Sie spielen also die Geschichte allein aus den Bewegungen Jesu nach.
In Joh 7,53-8,11 kommt ein wichtiges Element gewaltfreien Handelns und spirituell-politischer Friedensarbeit zum Ausdruck, nämlich: die Augenhöhe zu verlassen, auf der einflussreiche Leute vernünftig, aber unmenschlich über das Leben von Menschen verhandeln und verfügen.
Im Plenum wird die Szene als szenisches Lesen nachgespielt: Eine Lektorin/ein Lektor liest den Text, einige Teilnehmenden verkörpern ihn, ohne zu sprechen. 4-7 Freiwillige übernehmen die verschiedenen Rollen (alles Volk, Jesus, Schriftgelehrte/PharisäerInnen, Frau, evtl. Mose). Jemand erklärt sich bereit, den Text vorzulesen. Die restliche Gruppe schaut mit der Frage zu, ob und wie sie den Wandel der Machtverhältnisse wahrnimmt. Zuerst wird der Stuhlkreis zu einem Halbkreis geöffnet, damit eine «Bühne» entsteht. Die Spielenden stellen sich dann am Rand der «Bühne» auf. Die Lektorin/der Lektor liest die Geschichte langsam vor und pausiert, wenn auf der Bühne etwas passiert. Nach dem Spiel verlassen die Freiwilligen die «Bühne», und der Stuhlkreis wird wieder geschlossen. Wie in allen Rollenspielen ist es wichtig, einen klaren Anfang zu setzen und das Ende auch deutlich zu markieren, damit

alle aus ihrer Rolle wieder aussteigen können. Vielleicht hilft es, kurz aufzustehen, mit geschlossenen Augen der eigenen Erfahrung nachzuspüren und sie dann mit einem Ausatmen loszulassen. Im folgenden Austausch werden die Spielenden ausdrücklich aufgefordert, sich mitzuteilen. Dann schafft auch die Pause noch einmal Distanz und gibt Luft.

einlassen und erproben Nach der Pause wird der Text noch einmal gelesen. Im Impuls (s. Informationen zum Text) ist es wichtig, die antijudaistische Wirkungsgeschichte des Textes anzusprechen, da diese in den meisten Köpfen drin ist.
Als Methode, an der widerständigen Bewegung Jesu teilzunehmen, haben wir die Grundform eines spirituell-politischen Wandlungsrituals zum Frieden in Jerusalem gewählt. Es führt von der Ehrung der Vergangenheit über den Mut, das Licht im Dunkeln anzusprechen, der Verbindung mit den Propheten und Seherinnen, der Bitte um einen neuen, spielerischen Übergang zur Anerkennung der Friedensvision oder des guten Zusammenlebens im JETZT. Dahinter steht die Erfahrung, dass wir mit unserem Tun und Denken Zukunft gestalten. Es macht einen Unterschied, ob jemand allein im Fernsehsessel hängt und unerträglich findet, was er oder sie sieht, oder ob sich Menschen beispielsweise für eine andere Berichterstattung einsetzen, die nicht hilflose ZuschauerInnen und Opfer produziert.
Mit dem folgenden Materialblatt notieren alle einen oder zwei Sätze zu jedem der fünf Teile: Was will und kann ich in der Vergangenheit ehren (biographisch, religiös, politisch …); wohin rufe ich jetzt das Licht (die Stadt Jerusalem, die Weltkirche, zu einer Freundin …); mit wem verbinde ich mich (Micha, Oskar Romero, Dorothee Sölle …); wie bitte ich um einen spielerischen Übergang, der nicht zerstört, was vorher war, sondern die Menschen wandelt; welchen Frieden, welche Vision, welchen guten Umgang bekräftige ich im JETZT (ich sehe Jerusalem als Friedensstadt, in der Frieden gelehrt und gelernt wird; auf dem ganzen Erdball werden JETZT alle Menschen satt; ich sehe Männer und Frauen gleichberechtigt, nach ihren Fähigkeiten und Wünschen Liturgie feiern und Gottes Wort auslegen …).
Die fünf Schritte ermöglichen einen gewaltfreien Weg der Wandlung:
1. Die Vergangenheit ehren
2. Das Licht im Dunkel (der Stadt Jerusalem) ansprechen
3. Die Seherinnen und Propheten rufen
4. Die neue Art des Übergangs erbitten
5. Die Vision (Jerusalem als Stadt des Friedens) im JETZT begrüßen

begrüßen und zulassen Der letzte Schritt der Einzelarbeit und das Ritual sind vielleicht ungewohnt: Als gegenwärtig behaupten, wofür wir beten und was wir uns wünschen. Wie Fulbert STEFFENSKY sagt: Im Tun und Sprechen treiben wir das Leben selber voran. Wir legen Lichtspuren in die Zukunft, statt die Ohnmacht zu pflegen. Dies ist Dienst an den kommenden Generationen und an der Menschheit. So nehmen wir Auferstehung ernst, so leben wir unseren *Midrasch* der biblischen Visionen und geben den Möglichkeiten zum Frieden Sprache und Energie.
Die Gruppe sammelt sich im Kreis. Nach einer kurzen Einführung und Stille (Gong) spricht die Leitung den ersten Titel. In kleinen Gruppen fügen dann die Teilnehmenden ihre Sätze an. Nach einem Moment Stille schlägt die Leitung den Gong und spricht den nächsten Titel. Die Teilnehmenden fügen ihre Sätze an. In großen Gruppen sprechen nicht alle ihre Sätze, sondern wählen, welche ihnen am wichtigsten sind und sagen nur diese laut. Mit einer Stille, einem Lied und einem Segen abschließen.

Informationen zu Joh 7,53-8,11

Diese kleine Geschichte gehört ursprünglich nicht zum Johannesevangelium. Erst spätere Textzeugen haben sie im 3. Jh. in das Evangelium eingetragen. Es handelt sich um eine sozusagen freischwebende Jesuserinnerung. Sie taucht nämlich auch in Manuskripten des Lukasevangeliums auf. Die Geschichte wurde (und wird) aber wie eine heiße Kartoffel behandelt. Vielleicht, weil hier eine sexuelle Verfehlung nicht bestraft, aber eine andere aufgedeckt und angeprangert wird?
Die Ehebrecherin, die in den Augen Jesu gesündigt hat, hat aber nicht jene Sünde begangen, gegen die Jesus sich gerade auflehnt. Sie sündigt nicht, weil sie 'von der Welt' ist (...) Nicht 'von der Welt sein', das richtet sich nicht gegen die körperliche, sinnliche Welt, sondern gegen die Welt, die im Namen der Erfüllung des Gesetzes die Sünde begeht. Es ist die Sünde, die der Mensch in Erfüllung des Gesetzes vollbringt.[22]
Dies darf nicht antijüdisch verstanden werden. Es geht nicht gegen die Tora, auch nicht gegen ein sogenannt «gesetzliches» Judentum. Jede Ordnung (kleine Kinder müssen um acht Uhr im Bett sein), aber auch jede Deregulierung (Kinder bestimmen selbst, wann sie ins Bett gehen) können gewalttätig und lebensfeindlich sein.

---

22 HINKELAMMERT 2001, 31-33.

Seit dem 5. Jh. gehört diese Geschichte als Teil des vierten Evangeliums verbindlich zum Kanon der Heiligen Schriften und hat leider genau diese Wirkungsgeschichte erfahren: Hier sieht man also, wie gesetzlich und frauenfeindlich das Judentum war – im Gegensatz zu Jesus und am besten auch noch zum gesamten Christentum! Jesus bewahrt die Frau vor dem tödlichen Gesetz. Wenn wir aber in der Tora nachlesen, sehen wir, dass dort die Steinigung einer einzelnen Frau wegen Ehebruchs gar nicht vorkommt. Gesteinigt werden, wenn schon, zwei, die sich auf frischer Tat ertappen ließen (Lev 20,10; Dtn 22,22). Gegen solche tödlichen Gesetze wurde durch die mündlichen Überlieferungen ein «Zaun um die Tora» gezogen. Diese Auslegungen erlaubten dann jeweils einen anderen, situationsangepassten Umgang mit Schwierigkeiten und Konflikten. Zum Beweis der Frauenfeindlichkeit des jüdischen Gesetzes taugt der Text also nicht.

Ein Lehrstück in gewaltfreiem Handeln

Sitzen ist in der Antike die Haltung der Lehrenden. Schüler, Schülerinnen, Leute, die zuhören, stehen. Diese Lehrsituation mit Jesus in der Mitte wird durch Männer (und Frauen wahrscheinlich auch!) aufgebrochen, die etwas anderes als Jesu Lehre in die Mitte stellen: Eine Frau, oder vielleicht genauer gesagt: ihre Prüfungsfrage an Jesus und seine Lehre. Störungen, Anfragen müssen sich Lehrende gefallen lassen. Hier aber ist etwas in die Mitte gekommen, das Jesus nicht im Streitgespräch aufnimmt. In anderen Zusammenhängen, wir haben das in der Geschichte mit dem Brot gesehen, ist Jesus im Johannesevangelium sehr wohl bereit, sich mit Religiösem kritisch auseinanderzusetzen. Hier nicht. In die Mitte gekommen ist nicht eine religiöse Frage, sondern ein menschenverachtendes Spiel: Diese Frau ist Objekt im Streit, den die Schriftgelehrten eröffnen. Für Streitgespräche braucht es ungefähr dieselbe Augenhöhe; das Machtgefälle darf nicht zu groß sein. Deshalb ist es schon fast selbstverständlich, dass die Frau selber nicht redet. Aber Jesus verweigert sich hier der gemeinsamen Ebene mit den AnklägerInnen. Er bückt sich unter die Augenhöhe der anderen und schert aus dem angebotenen Bündnis aus.
So kann man nicht diskutieren! Jesus schreibt in den Sand. Es könnte sein, dass Johannes hier auf den Jeremiavers anspielt: Gott wird die, welche sich von ihm abwenden, in den Staub schreiben (Jer 17,13). Die Gegner verstehen diese Warnung nicht und beharren auf ihrer Frage. Nach diesem Moment des Schweigens, der Unterbrechung des Kontaktes richtet sich Jesus wieder auf. Ist es überraschend, was er sagt, oder die Lö-

sung, auf die alle – vielleicht auch diese Schriftgelehrten – gewartet haben? Jesus lenkt die Aufmerksamkeit vom Objekt weg und auf diese Gelehrten. Sie wollten sehen, nicht gesehen werden! Dem Blick auf sich selber halten sie nicht Stand, den wollten sie nicht!
Jesus bückt sich wieder und schreibt in den Sand. Damit entzieht er sich noch einmal und lässt sie diskret gehen. Das ist keiner, der anderen triumphierend nachschaut, oder mit seinen Gedanken, Gefühlen an diesen gewichtigen Leuten hängen bleibt.
Jesus bleibt nämlich etwas anderes zu tun: Er hilft der Frau, nicht mehr Objekt zu sein. Sie steht nämlich immer noch in der Mitte. Von da muss sie weggehen mit der Kraft, ihr eigenes Leben gut zu leben.
Unser Text beginnt damit, dass Leute nach Hause gehen, und so endet er auch. Angefangen von den Einflussreichsten verziehen sich die Ankläger und Anklägerinnen. Sie haben verstanden. Sie sind nicht mehr die unangefragten Besserwisser und Richterinnen, die Frau ist nicht mehr ihr Objekt. Akzeptieren sie sich und diese Frau jetzt als Menschen?

Ein religionsgeschichtlicher Vergleich

Von Buddha wird erzählt, dass er vor seiner Erleuchtung von Geistern geplagt wurde. Sie plagen ihn mit Entmutigungen: Das schaffst du doch nicht! Lass es doch bleiben! Was meinst du eigentlich, wer du bist!? Buddha, der seit Jahren unter dem Bodhi-Baum sitzt und meditiert, beugt sich schließlich nieder und berührt die Erde mit der flachen Hand. Durch diese Berührung unterbricht er den Einfluss der Geister und wird im Kontakt mit der Erde erleuchtet.
Jesus, in unserer Geschichte, unterbricht den Kontakt zu denen, die keine Idee haben, wie es denn sonst gehen kann mit dem Leben, wenn nicht mit Verachtung, Gewaltspielchen, Anklage und Strafe. Jesus entzieht sich der Augenhöhe, auf der unerkannt und unberührt über Menschenleben verhandelt wird, und sucht den Kontakt mit der Erde.
Diese Unterbrechung ist in Gewaltsituationen, wo es nicht mehr weitergeht, eine wichtige Übung. Wir müssen nicht zurückschlagen, ohnmächtig nicken, weil wir sowieso nichts dagegen setzen können, wir müssen es auch nicht sogleich besser wissen: Wir können im Kontakt mit der Erde die Überzeugung und die Hoffnung ausdrücken, dass es so nicht geht, dass es aber anders gehen kann. Dann kann es neu weitergehen.

M 2 Friedenspolitisch-spirituelles Wandlungsritual

1. DIE VERGANGENHEIT EHREN

2. DAS LICHT IM DUNKELN ANSPRECHEN

3. DIE SEHERINNEN UND PROPHETEN RUFEN

4. DIE NEUE ART DES ÜBERGANGS ERBITTEN

5. DIE VISION IM JETZT BEGRÜßEN

Jerusalem-Ritual:

Pia Gyger, Maria-Christina Eggers, Niklaus Brantschen, Jerusalem, im August 2003

5 Licht (Joh 8,12)

In dieser Einheit beschäftigen wir uns mit einem einzigen Vers. Die weisheitliche Selbstaussage Jesu «Ich bin das Licht der Welt» ist mit einer Verheißung verbunden: Wer diesem Licht folgt, wird nicht in der Finsternis umhergehen, sondern das Licht des Lebens haben. Mit dem Gehen im Finstern und dem Sein im Licht verbinden alle Menschen Erfahrungen auf verschiedensten Ebenen: Nachtspaziergänge und Stromunterbrüche in einer Gewitternacht, Wanderungen im hellen Herbstlicht, helle, lichte und düstere, dunkle Zeiten im Leben, feurige, strahlende und finstere Begegnungen …
Nach der Annäherung über die eigene Erfahrung, die nicht beim eigenen Licht stehen bleibt, sondern sich auf das «Licht der Welt» bezieht, steht eine alte buddhistische Lichtmeditation im Zentrum. Diese Übung lädt dazu ein, sich dem Schöpfungslicht (Prolog!) auszusetzen und es über den Rand strahlen zu lassen, der unsere Fähigkeiten zur Sympathie und Zuwendung sonst begrenzt.
Diese Erfahrung, der entsprechend viel Zeit eingeräumt ist, könnte mit Feuerlaufen verglichen werden: Auch wenn ich es nicht jeden Tag tun werde, so prägt sich doch ein, dass ich dieses Licht oder «Feuer» aushalten kann.
Also muss ich im Grunde nichts Materielles nach Hause mitnehmen. Ein Gegenstand wie eine Kerze kann die Erinnerung aber wecken, wenn sie sich verlieren sollte.

Dauer	*Inhalt und Vorgehen*	*Material*
	wahrnehmen und loslassen: **Was ist das Licht der Welt?**	
5'	Begrüßung und Einführung im Kreis	Gong, Mitte mit brennenden Kerzen (Anzahl Teilnehmende)
10'	Lt liest den Vers vor, lädt zur Einzelbesinnung ein: Wer oder was ist Licht der Welt (also nicht: mein Licht, sondern das Licht der Welt)? Habe ich Bilder dazu oder fallen mir Geschichten ein? 5' Einzelbesinnung 3' Murmeln zu zweit	Gong
10'	Zusammentragen im Plenum, Stichworte auf Flip-	Flip-Chart

	Chart notieren	
	***einlassen und erproben*:** **Das Licht leuchten lassen**	
20′	Impuls zum Vers, Gespräch	Bibeln
10'	Pause	
10'	Einführung in die Meditation des Lichtes (*Metta*): Sorgfältige Einführung im Plenum.	
40′	Dann suchen sich alle eine brennende Kerze aus, wählen einen Platz im Raum und richten sich so ein, dass sie längere Zeit still sitzen können, die Kerze neben oder vor sich. Ein Moment des Atmens und der Stille zum Ankommen. Metta-Meditation. Loslassen. Rückkehr ins Plenum.	Gute Sitzgelegenheiten: Stühle, Meditationsbänke oder -kissen, evtl. Matten
	***begrüßen und zulassen*:** **Licht sein**	
15'	Im Plenum ein Wort oder Satz in die Runde geben. Die Lt schließt diese Runde ab und bietet an, eine brennende Kerze zu sich zu nehmen. Lied, Segen und Verabschiedung	Liedblatt, Gong

Kommentar

wahrnehmen und loslassen In der Mitte stehen von Anfang an brennende Kerzen, für jede anwesende Person eine. Zuerst wird der Vers vorgelesen und mit der Erfahrung und Kreativität der Teilnehmenden verbunden: Was ist Licht der Welt? Fällt mir dazu etwas ein? Ein Gongschlag kann die Übergänge vom Plenum zur Einzelbesinnung zur Murmelphase und zum Plenum markieren. Im Plenum nimmt jede/r, der/die spricht, eine Kerze für sich an den Platz. Die Antworten auf die Frage werden am Flip-Chart notiert.

einlassen und erproben Impuls zum Licht und den Ich-bin-Worten (vgl. Kommentar zum Text und Einführung in die Ich-bin-Worte im bibeltheologischen Teil). Rückfragen und Gespräch. Vor der Pause wird schon kurz Grundlegendes zur *Metta*-Meditation gesagt. Die *Metta*-Meditation ist eine sehr alte buddhistische Meditationsform.[23] Je nach

[23] Informationen zur Metta-Meditation: SALZBERG 1999.

Gruppe ist es gut, schon vor dieser Einheit über die besondere Meditation, die hier vorgesehen ist, zu informieren. Wer will, kann dann ein eigenes Meditationskissen oder eine Bank mitbringen. Wer Metta anleitet, muss vorher mindestens einmal für sich selber geübt haben. Wichtig ist ebenfalls, sich der eigenen Einstellung zu dieser Meditationsform bewusst zu sein. Es geht dabei nicht um Zauberei oder Beeinflussung, sondern um eine Entscheidung, für eine knappe Stunde nicht alle möglichen Gedanken zuzulassen, sondern – soweit dies den Einzelnen möglich ist – das Lebenslicht in die Mitte des Denkens und der Empfindung zu stellen.

Die Meditationsform muss den Teilnehmenden gut erklärt werden. Sie erfahren, dass sie sich mit einer Kerze, einem Kissen, einer Matte einem Stuhl … einen Platz im Raum einrichten werden, an dem sie 40' stillsitzen (wer Mühe hat mit Sitzen kann auch stehen oder liegen). Die Augen bleiben leicht geöffnet und schauen (beim Sitzen) etwa einen Meter vor der Matte zu Boden. Es muss nichts fixiert werden. Der Atem soll kommen und gehen wie er will. Wer noch nie meditiert hat, wird gebeten, immer wieder zum Atem zurück zu kehren, wahrzunehmen, wie er kommt und geht, kommt und geht … Die Aufmerksamkeit wird in der Meditationszeit auf verschiedene Personen gerichtet. Die Teilnehmenden entscheiden sich in der Einführung für die Personen, auf die sie ihr Licht lenken wollen (ohne es anderen mitzuteilen) und bleiben dann bei ihrer Wahl. Für die Entscheidung muss ihnen etwas Stille (3') gelassen werden. Es geht darum, das Licht des Lebens nacheinander jeweils 4 Minuten

- auf sich selber zu lenken,
- zu einer Person, die mir Gutes getan hat,
- zu einer Person, die ich liebe,
- zu einer Person, gegenüber der ich nichts Besonderes empfinde (Nachbarin, Verkäuferin in der Bäckerei ...),
- zu einem «Feind», einer «Feindin» (falls den Teilnehmenden keine Feinde in den Sinn kommen: negative Gefühle, Rachegedanken, Unterlegenheitsgefühle sind Indizien für eine «passende» Beziehung. Es sollte beim erstmaligen Kontakt mit Metta besser nicht die allergrößte Feindin sein)

  und wieder zurück:
- zu einer Person, gegenüber der ich nichts Besonderes empfinde,
- zu einer Person, die ich liebe,
- zu einer Person, die mir Gutes getan hat,
- zu mir selber.

Ein Gongschlag und ein einleitender Satz zur nächsten Meditationseinheit führen nach 4' von einem Teil zum nächsten.
Drei Gongschläge kündigen dann das Ende der ganzen Meditation an. Die Teilnehmenden erfahren in der Einführung, dass sie noch einen Moment verweilen und nachzuspüren sollen. Dann schließen sie ihre Meditation mit einer persönlichen Geste ab, z. B. Hand auf den Boden legen, Verbeugung ...
Wer möchte, spricht den Personen im Atemrhythmus innerlich folgenden Satz zu: Ich bin Licht und Frieden. Du bist Licht und Frieden. Oder: Möge ich Licht und Frieden sein. Mögest Du Licht und Frieden sein.
Die Teilnehmenden müssen wissen, dass im Laufe der Meditation Gefühle auftreten können. Möglich, dass es im Innern dabei sehr hell wird, und sie eine beglückende Erfahrung machen. Sie sollen sich daran freuen, diesen Gefühlen aber auch nicht zu viel Aufmerksamkeit schenken, sondern sie wieder loslassen und weiter gehen. Möglich, dass jemand auf Trauer, Aggression, Ärger oder Angst stößt. Dies geschieht am ehesten dann, wenn das Licht auf eine Person gelenkt wird, von der er oder sie verletzt wurde. Die Teilnehmenden sollen wissen, dass sie dann ihre Gefühle wahrnehmen und ohne Rücksicht auf die Anleitung der Leitung zu einem Satz zurückkehren sollen, der sie beruhigt hat (das Licht sich selber zusprechen, oder der Person, die mir Gutes getan hat).
Die ganze Anleitung zur Meditation ist so aufgebaut, dass größere Störungen keinen Platz haben. Wenn nun jemand spürbar in den Widerstand geht und nicht teilnehmen kann oder will? Wenn es möglich ist, soll diese Person dann mit ihrem Gefühl sitzen und es einfach wahrnehmen (Ärger, Wut, Aggression ...) oder aber die Anweisungen ignorieren und mit dem eigenen Atem meditieren. Nur falls dies nicht möglich ist, soll jemandem angeboten werden, spazieren zu gehen. Wie jede Methode, welche Mitarbeit verlangt, ist auch diese Metta-Meditation vom Einsatz und der Zustimmung der Teilnehmenden abhängig. Zweifelt die Leitung daran, dann muss die Zustimmung der Gruppe im Voraus erfragt oder diese Übung ausgelassen werden. Meistens sind die Leute aber dankbar, wenn sie Impulse zur Aneignung und zur Erhellung ihres Lebens bekommen.

begrüßen und zulassen Nach Abschluss der Meditation kommen alle mit ihrer Kerze ins Plenum zurück. Die Erfahrung wird nun in einem Wort verdichtet und damit «transportabel» gemacht. Ein Lied und eine kurze gemeinsame Stille schließen die Einheit ab. Die Kerze, die während der ganzen Meditation gebrannt hat, darf nach Hause genommen werden.

Informationen zu Joh 8,12

Dem Licht sind wir schon im Prolog begegnet. Das Schöpfungswort ist Licht, bevor es Fleisch wird.

Das Lichtsymbol ist im Ersten Testament verwurzelt. Die Schöpfung beginnt mit der Erschaffung des Lichtes (Gen 1,3). «Das Licht hat hier schöpferische Funktion und Kraft.»[24] Die Lichttexte im Buch Jesaja werden im Advent zitiert und gesungen. In einer Liedstrophe über den Gottesknecht heißt es:

Ich habe dich geschaffen und dazu bestimmt, der Bund für mein Volk und das Licht für die Völker zu sein, blinde Augen zu öffnen, und alle, die im Dunkeln sitzen, aus ihrer Haft zu befreien. (Jes 42,6-8; 49,6-9)

Im *Licht der Welt* klingt das Motiv der Völkerwallfahrt nach Jerusalem bei Jesaja an (Jes 60,1-22). Es beginnt so:

Auf, werde Licht, denn es kommt dein Licht,
und der Lichtglanz des Herrn geht leuchtend auf über dir.
Denn siehe, Finsternis bedeckt die Erde und Dunkel die Völker,
doch über dir geht leuchtend der Herr auf…

Und im Psalm 119,105 heißt es:

Dein Wort ist meinem Fuß eine Leuchte, ein Licht für meine Pfade.

Wenn Jesus sagt, *Ich bin das Licht der Welt,* dann klingen diese Licht-Traditionen an, verbunden mit Gottes Selbstoffenbarung am Sinai: *Ich bin der/die, ich bin da.*

Im Neuen Testament wird vor allem die Taufe als Erleuchtung erfahren:

Wache auf, du Schläfer/Schläferin, und steh auf von den Toten – und der Christus wird deine Leuchte sein. (Eph 5,14)

Bei den Synoptikern ist davon die Rede, dass die Glaubenden selber *Licht der Welt* werden sollen (Mt 5,14-16, vgl. Phil 2,15). Davon ist im Johannesevangelium nicht die Rede. Hier geht es um die Passivität: Im Licht sein.

Das Ich-bin-Wort ist Einladung zur Einsicht und Erleuchtung, gleichzeitig aber auch Provokation: Das zeigt sich in Kap. 9, wo Jesus den PharisäerInnen Blindheit vorwirft angesichts des geheilten Blindgeborenen.

---

[24] WILCKENS 1998, 141.

6 Tür (Joh 10,1-10)

Schwellenbräuche gibt es in allen Kulturen. Übergänge von draußen nach drinnen, von einem Raum in den nächsten, werden bezeichnet. Schwellen galten als magische Orte. Tote Kinder wurden unter Schwellen begraben. Frauen haben den Ruf, auf den Schwellen endlos zu ratschen.
Richtige Schwellen haben ihre Tücken: Über Schwellen stolpert man, Rollstuhl oder Kinderwagen werden erschüttert. Fehlende Schwellen sind riskant: Glastüren, die Räume unsichtbar trennen, werden mit Zeichen markiert, damit niemand gegen eine solche unsichtbare Wand rennt. Wer zu viel Glas und Öffnung um sich herum hat, kann die Orientierung im Raum und in sich selber verlieren: Wozu bin ich eigentlich da, fragen sich Menschen im schlecht strukturierten Großraumbüro. Kinder in verglasten Schulzimmern fragen nicht und sind mit ihren Gedanken längst aus dem Fenster geflogen.
Die Tür ist in unserem Text ein Ort, an dem sich ein Mensch zu erkennen gibt und erkannt wird. Wir üben in dieser Werkstatt, uns und anderen kenntlich zu werden. Wandlung heißt nicht immer, dass alles ganz anders werden muss. Hier könnte sich erweisen, dass wir aufrechter und deutlicher werden, wenn wir uns in die Tür stellen und uns da sehen lassen

Dauer	*Inhalt und Vorgehen*	*Material*
	wahrnehmen und loslassen: **Konkrete Übergänge**	
5'	Begrüßung und Einführung im Kreis	Mitte, Gong
10'	Rückblick auf den Weg zur Veranstaltung: Welche Schwellen habe ich überschritten von meinem Aufbruch daheim bis hier in den Raum? Zu zweit, dritt erzählen	
	einlassen und erproben: **Die Verbindung**	
10'	Den Text unter der Haupttüre zum Raum vorlesen, die Tn hören zu, sprechen ein Wort aus, das sie besonders anspricht	
30'	Nochmals vorlesen, Imaginationsübung zu zweit	Bibeln
10'	Pause	
20'	Austausch über die Übung, Impuls und Gespräch im Kreis	
	begrüßen und zulassen:	

	Den Übergang gestalten	
15′	Vorbereitung allein und zu zweit: Worin möchte ich mir und anderen deutlicher werden?	
20′	Alle stellen sich vor der Tür zum Raum (oder einer Kirchentür in der Nähe) auf. Wer will, sagt auf der Schwelle, worin sie sich deutlicher zeigen und gesehen werden will. Die Gruppe antwortet mit einem Lied, z. B.: «Ausgang und Eingang» Segen und Verabschiedung	Liedblatt Gong

Kommentar

wahrnehmen und loslassen Türen sind Orte des Übergangs, der Entscheidung. Auch Fenster sind es. Während Fenster einen passiven Zugang eröffnen (auch das Fernsehen ist ein Fenster), sind die Türen die Orte, wo die Entscheidung zur aktiven Teilnahme oder dem Rückzug fällt.

Die jüdische Tradition kennt die Mesusa, die Kennzeichnung von Türen und Toren nach dem Satz: *Du sollst diese Worte auf die Türpfosten deines Hauses schreiben und an deine Stadttore.* (Dtn 6,9) In vielen Dörfern und Städten markieren um den 6. Januar Sternsängerinnen und -sänger Türrahmen mit CMB: *christus mansionem benedicat* (Christus segne dieses Haus).

Schwellen geben Orientierung und rufen zur Entscheidung: Wo trete ich ein? Wo nicht? Wie trete ich ein? Wo will ich mich niederlassen? Wie gehe ich hinaus? Wo schleiche ich mich weg?

einlassen und erproben Für die Übung zu zweit braucht es etwas Raum. Die Paare wählen sich und suchen sich einen Platz. Die Leitung liest den Text noch einmal vor. Sie führt die Teilnehmenden durch ihre Anweisungen und Fragen. Sie kündigt an, dass es darum geht, sich als Durchgang («Ich bin die Tür») und als Person wahrzunehmen, die vor der Schwelle steht. Beide nehmen nacheinander beide Rollen ein. Ein Austausch findet erst statt, wenn beide sowohl die Tür- als auch Schwellenerfahrung gemacht haben.

Eine Person stellt sich also als Tür hin. Sie schließt für einen Moment die Augen und nimmt wahr, ob sie eine geschlossene oder offene Tür, ein Übergang zu etwas Neuem oder einfach ein Durchgang oder … ist.

Dann öffnet sie die Augen, um die Partnerin/den Partner zu erwarten. Diese/r nähert sich der Schwelle, bleibt in dem Abstand stehen, der sich angemessen anfühlt und konzentriert sich einen Moment auf sich selber, horcht dem Atem nach. Dann versucht sie, mit sich und der Schwelle in Kontakt zu kommen: Ist die Tür offen oder verschlossen, eine Angst einflössende Grenze oder ein einladender Durchgang? Was ist dahinter? Nach einem Moment des Nachspürens (ca. 2') verabschieden sich beide aus ihrer Rolle, z. B. mit einer Verneigung. Dann wechseln sie die Rollen. Erst dann tauschen sich die beiden (10') aus.
Nach der Pause ist Zeit für ein Gespräch über die Erfahrungen und über dieses besondere biblische Bild.

begrüßen und zulassen Anschließend setzen sich die Paare wieder zusammen. Bis zum Gongschlag (nach 5') überlegen sie je alleine, was sie deutlicher leben wollen. Zu zweit können sie ihren Wunsch nach Kenntlichkeit bekräftigen und klären.
Dann folgt ein Schwellenritual. Die Gruppe versammelt sich vor einer Tür. Wer will, geht hinter die Tür, sammelt sich und tritt auf die Schwelle. Auf der Schwelle sagt er oder sie, worin sie sich deutlicher zeigen und gesehen werden will. Es kann eine Bitte oder eine Absichtserklärung sein. Die Gruppe antwortet mit dem Kehrvers: «Ausgang und Eingang ...» (Liedblatt).
Die Leitung schließt mit einem Segen und einem Moment der Stille mit Gong.

Informationen zu Joh 10,1-10

Die Tür gehört in der hebräischen Bibel zu den wichtigen Orten der Begegnung mit Gott und den Menschen. Die Tür der Menschen, die in der Befreiungsnacht das Paschalamm essen, wird mit Blut bestrichen, damit sie vom Tod der Erstgeborenen verschont bleiben (Ex 12,23). Grosse Tore, Stadttore sind zentrale Orte, an denen Recht gesprochen wird. Die Tore, die sich den Gerechten öffnen, sind ein biblisches Hoffnungsmotiv, das in der christlichen Adventsliturgie das Kommen des Messias beschreibt:
Öffnet mir die Tore zur Gerechtigkeit, damit ich eintrete, um dem Herrn zu danken. Das ist das Tor zum Herrn. Nur Gerechte treten hier ein. (Ps 118,19f)
Unser Text beginnt mit dem negativen Fall, dass jemand als Dieb oder Räuber über den Zaun steigt, statt die Tür zu benützen. Dann wird der

positive Normalfall beschrieben (Joh 10,2-4). Johannes bezieht sich hier auf die Hirtenrede im Buch Ezechiel (Ez 34). Dort hat der Prophet den Auftrag Gottes, mit den *Hirten Israels* abzurechnen, die ihr Amt verraten haben. Diese «Hirten» weiden sich selber und liefern die Schafe den wilden Tieren aus. Gott schreitet selber ein als einziger und einzig wahrer Hirte, der die Herde schützt und sie auf die beste Weide führt. Dann folgt eine Messiasverheißung:

Ich will ihnen einen einzigen Hirten erwecken, der sie weiden soll, nämlich meinen Knecht David. Der wird sie weiden und soll ihr Hirte sein, und ich will ihr Gott sein. (Ez 34,31)

An wen ist diese Scheltrede gerichtet? Aus dem Kontext ist unschwer zu schließen, dass es sich um die Gegner und Gegnerinnen handelt, die sich der lebendigen Tora entgegenstellen und im Namen des Gesetzes schuldig werden.

Schwierigkeiten bereitet die Aussage, dass *alle, die vor mir gekommen sind* (8) zum Räubergesindel gehören. Wer ist damit gemeint? Alle mit königlich-messianischem Anspruch? In Predigten wird dies manchmal bis heute antijudaistisch als Ablehnung aller ersttestamentlichen HirtInnen gedeutet. Aber Jesus stellt sich ja ausgerechnet hier in die biblische Tradition prophetischer Kritik, indem er Ezechiel zitiert. Johannes erweitert den Text um das Wort von der Tür. Jesus ist nicht nur Hirte, er ist auch selber die Tür. Als Tür ist er die Voraussetzung der guten Übergänge. Mit ihm als Schwelle verbinden sich die Geborgenheit des Stalls mit den satten Weiden, die wir aus Ps 23 kennen.

7 Wohnung (Joh 14,1-14)

Mit dem verheißungsvollen (und für Menschen, die in Ballungsräumen leben vielleicht auch beunruhigenden) Hinweis auf die vielen Wohnungen beginnen die Abschiedsreden. Beunruhigend mag für viele Frauen und Männer auch sein, dass es sich um «das Haus des Vaters» handelt. Es gibt einen Ort, sagt Johannes, wo die Menschen ankommen können und gut aufgehoben sind.
Die ewige Wohnung ist nicht einfach zukünftig, sondern Angebot, Ermächtigung und Ermutigung im JETZT. Menschen, die dieses Heimatrecht kennen und an Jesus glauben, werden hier auf der Erde noch größere Werke tun als Jesus, sagt dieser Text. Kann diese Ermächtigung in unseren irdischen Wohnungen konkret werden?
Die bisherigen sechs Rituale wurden entsprechend der Definition im zweiten Teil der Werkstatt als Heraustreten aus dem Alltag gestaltet. Nun neigt sich die Reihe dem Ende zu. In dieser und der nächsten Einheit geht es besonders um die Inkarnation oder Fleischwerdung des Gewandelten im Alltag. Wer der Einladung folgt, das schöpferische Wort bei sich wohnen zu lassen, wird ihm ein Wohnrecht im eigenen Daheim geben, einen Ort, an dem es begrüßt und wahrgenommen werden kann. Wenn das Wort wirklich einen Platz bekommt, dann wird sich die schöpferische Wandlungskraft im Alltag immer wieder in Erinnerung rufen können.
Wohnrecht und Werke, Tun und Bitten verbinden sich in unserem Text und im Ritual. Unser himmlisches Wohnrecht eröffnet einen Freiraum, in dem wir im Stress und Lärm der Alltagsverpflichtungen das «Werk» aufspüren können, zu dem wir im Innersten gerufen sind – unsere Lebensaufgabe. Diese Aufgabe ist meistens nicht mit großem Getöse und Selbstbewusstsein zu meistern; um sie müssen und dürfen wir bitten.

Dauer	*Inhalt und Vorgehen*	*Material*
	wahrnehmen und loslassen: **Die eigene Wohnung wahrnehmen**	
5'	Begrüßung und Einführung im Kreis	Mitte, Gong
10'	Einzeln: Alle skizzieren den Grundriss ihrer Wohnung und notieren/markieren, wo sich Wandlung vollzieht in ihrem Leben, oder wo sie sich Wandlung wünschen. Die Skizze zusammenfalten, in Briefumschlag stecken, unter den Stuhl legen und sich dem Kreis zuwenden	Papier, Bleistifte, Farbstifte, evtl. Karton als Unterlage Briefumschläge
	einlassen und erproben:	

	Die Wohnung und die Werke	
10′	Joh 14,1-14 vorlesen, die Tn hören zu und sprechen dann Wörter in die Stille, die sie berührt haben, den Text noch einmal hören	
30'	Impuls und Gespräch über den Text: Wohnungen beim «Vater» und Werke der Glaubenden	Bibeln, M 3
10'	Pause	
15′	Einführung. Sich allein einen Platz suchen und dem eigenen «Werk» nachgehen.	Bibel
15′	Austausch zu zweit über die Werke, gemeinsam auf den Grundrissen nach dem Ort suchen, an dem ich mir ein Zeichen dafür setzen kann. Mein «Werk» mit einem Zeichen im Grundriss markieren und an den Rand schreiben.	Grundrisse, Stifte
	***begrüßen und zulassen*:** **Die ewige Wohnung zeigt sich in der irdischen**	
20′ (5′)	Die Wohnungspläne in die Mitte legen. Im Kreis sitzen. Lt eröffnet die Feier, bittet um den Geist. Lied singen. Im Chor den Text lesen. Wer will, tritt in den Kreis, nennt das eigene Werk in klarer Bereitschaftserklärung, zündet eine Kerze an und stellt sie an den gewählten Platz im Grundriss. Die anderen wiederholen die Erklärung und bekräftigen sie. Lied.	Teelichter aus Bienenwachs, M 3, Bibeln, Liedblatt
5′	Stille und Verabschiedung	Gong

Kommentar

begrüßen und loslassen Die Kreismitte wird mit Tüchern markiert. Evtl. brennt eine Kerze. Vielleicht liegen einige wenige Fotos von unterschiedlichen Behausungen (Höhle, Einfamilienhaus, Baumhütte, Wolkenkratzer …) darauf.
Die erste Übung könnte aus einem Feng Shui-Handbuch stammen. Damit sich etwas wandeln kann, muss zuerst deutlich werden, was ist, und wie es ist. Die Wohnung ist wie ein Kleid, ein Ausdruck von uns. In der Bibel begegnen wir dem Wissen, dass die Innenwelt auf die Gestaltung

und Bezeichnung des Außenraumes angewiesen ist. Auf die Türpfosten und im Stadttor soll die Erinnerung *Höre Israel* geschrieben werden. Bei den Synoptikern finden wir Gleichnisse, in denen es um den richtigen Platz von Leuchter und Eimer (Mk 4,21 parr), um angemessene Bekleidung im Festsaal (Mt 22,1-14) oder um Dämonen geht, die gerne in saubere, geschmückte Wohnungen ziehen (Lk 11,24-26).
Unsere Wohnung zeigt, wer wir sind, und was uns wichtig ist. Unsere Wohnung ist der Zeremonienraum, in dem wir uns selber und anderen sagen, wer wir sind und was uns wichtig ist. Gibt es da, bei uns daheim, Wandlungsmöglichkeiten? Wir schauen uns in dieser Werkstatt zunächst an, was uns jeden Tag umgibt, und bezeichnen unsere Wandlungsorte (Kinder- oder Elternzimmer, Küche ...) oder die Orte, an denen wir Wandlung ersehnen (Büro, Eingangstür ...)
Wir stellen fest, was ist, und lassen es los, legen es ab. Wir sind in Kontakt mit unseren Räumen, aber offen, einen Schritt weiter zu gehen.

einlassen und erproben Der Bibeltext beginnt mit dem Wort von den zukünftigen Wohnungen beim Vater. Durch Jesu Antwort an Thomas wird schnell klar, dass dieses Zukunftsbild das Leben hier und jetzt in der Einheit und im großen Beziehungszusammenhang des Glaubens meint.
An dieser Stelle kann es im Gespräch wichtig sein, Befremden oder Ärger über die «Vater-» und «Herrensprache» aufzunehmen und einzuladen, passendere Sprachformen zu (er)finden (s. dazu die Informationen zu Joh 14,1-14).
Der Text zielt auf die Erfüllung der Bitten. Gebeten wird in diesem Zusammenhang um «Werke», welche die Zuhörenden tun. Der Text setzt voraus, dass die Menschen etwas tun wollen. Dieses Werk ist nicht «Mache», sondern muss erbeten werden.
In der Einführung zur Einzelarbeit können Fragen helfen: Wissen wir genau, welches Werk wir tun möchten? Trauen wir uns, groß genug zu wünschen? Trauen wir uns, dafür zu bitten? In buddhistischen Traditionen gibt es die Hingabe an ein ganz großes Werk der Mitmenschlichkeit: «Alle Wesen vom Leiden befreien», «Alle Kriege beenden», «Dafür sorgen, dass alle Kinder in einem lebenswerten Daheim aufwachsen können». Welches ist mein Werk, für das ich bitten will?
Nach der Zeit allein mit der Frage nach dem eigenen Werk können Zweiergruppen, die sich selber aussuchen, gegenseitig helfen, die «Werke» genauer zu bestimmen und einen Ort der Vergegenwärtigung in der Wohnung zu finden. Das «Werk» wird auf den Grundriss geschrieben, der Platz, wo es Gestalt gewinnen kann, markiert. Vielleicht steht dann

später dort ein Stein, eine Kerze oder ein Bild der Vergegenwärtigung des Werkes und des Bittens.

begrüßen und zulassen In der Schlussliturgie feiern wir, dass wir mit unserem «Werk» MitschöpferInnen sind und Zukunft gestalten können. Wir unterstützen uns gegenseitig darin, unsere «Werke» anzunehmen. Die Grundrisse liegen offen in der Kreismitte. Die Gruppe sitzt zu Anfang im Kreis, zentriert sich, betet, singt, hört auf den Text oder liest ihn im Chor. Dann werden alle eingeladen aufzustehen und sich ihr Werk zu vergegenwärtigen. (Vielleicht hilft es, wenn jeder für sich alleine das eigene Werk in einer Geste ausdrückt.)
Dann wird das Bekräftigungsritual angeleitet: Wer sein/ihr Werk den anderen kundtut, geht zwei Schritte auf die Kreismitte zu. Von dort, geschützt durch den Kreis mit «Rückendeckung», wird (die Geste gezeigt und) das Werk ausgesprochen: «Ich, NAME, bin bereit, die Gewalt an unserer Schule zu beenden». Die anderen antworten im Chor: «Du, NAME, bist bereit, gegen Gewalt zu wirken. Wir bitten für dein Werk.»
Dann zündet die Person eine Kerze an und stellt sie an den Erinnerungsort auf den Grundriss.

Information zu Joh 14,1-14

Das Bild von den Wohnungen könnte missverstanden werden als Privatraum für jede und jeden alleine oder die vier Wände der Kernfamilie. Damalige Wohnungen waren transparenter, vielfältiger bewohnt und weniger abgeschottet als heutige – mit allen Vor- und Nachteilen. Vielleicht müssen wir ein weiteres biblisches Wohn- oder Heimatbild neben den Satz von den vielen Wohnungen halten: Das Bild vom Schoß Abrahams, in dem die Menschen sitzen dürfen (z. B. 16,22).
Das «Haus des Vaters» kann zwiespältige Reaktionen auslösen. Nicht alle (Frauen) wollen im Haus eines Vaters oder Vatergottes leben. Widerstände sind ernst zu nehmen. Im Gespräch könnte erkundet werden, welches Haus denn Heimat bieten könnte. Gibt es Namen dafür? Eine Spur könnte das hebräische Wort zeigen, das hinter dem schlecht übersetzten «verherrlicht», «Herrlichkeit» steht: *kavod. Kavod* hat mit «Herr» gar nichts zu tun. Es bedeutet gleichzeitig «Schwere» und «Lichtglanz», es ist das, was dem Leben Gewicht und Bedeutung, aber auch Licht und Glanz gibt.
Das Bild von den vielen Wohnungen steht am Anfang der Abschiedsre-

den Jesu im kleinen Kreis. Die Entscheidung ist schon getroffen, denn die Menschen, die das Licht der Welt (12,46) nicht annehmen, sind schon gerichtet. Es ist schon Passionszeit, obwohl wir erst in der Mitte des Evangeliums stehen.

Nach der Fußwaschung beim Abschiedsmahl lässt der Evangelist Jesus das Gespräch mit einer Beschwichtigung beginnen: Euer Herz lasse sich nicht verwirren (erschrecken). Das ist einfacher gesagt als getan nach dieser harten Entscheidung zwischen Licht und Finsternis und im Vorschein der Kreuzigung. Jesus weiß, dass jetzt «seine Stunde» gekommen ist (13,1). Die Jüngerinnen und Jünger haben Angst, ihn und den Kontakt zu dem Leben, das sie erfahren haben, zu verlieren.

Das ist die Ebene der Erzählung. Wir wissen aber, dass diese Geschichte aufgeschrieben wurde für Menschen, die viel später gelebt haben (21,24). Sie schauen zurück auf den brutalen Übergang von der Zeit mit Jesus auf die Zeit ohne ihn, den andere leisten mussten. Diese Geschichte soll wie alle anderen ihren Glauben stärken und ihre Übergänge klären.

Diese Wohnung ist nicht ein Appartement im Altenheim, für das man sich vorher bewerben kann: Wenn es mal so weit ist …

Diese Wohnung beim Vater oder aus Licht ist Gegenwart: Der Glaube der Menschen und Jesu Gehen, Vorbereiten und Wiederkommen schaffen Verbindungen zwischen diesem großen Haus und unseren irdischen Häusern. Der «Hausvater» und der «Wegsohn» bilden eine lebendige Einheit. In diese Einheit sind die Glaubenden hinein genommen. Sie sollen sich bewusst sein, dass sie die Kraft zum Beten und zur Verwandlung haben. Sie dürfen und müssen sich bewusst sein, dass ihr Hausrecht hier und jetzt zu großen Werken befähigt!

Jesus bezieht sich zweimal auf das Wissen der JüngerInnen: Sie kennen den Weg, sagt er (14,4). Und sie kennen den Vater (14,8). Die Einwände unterstützen den Gesprächsgang, der den Zuhörenden und den späteren Lesenden die Zusammengehörigkeit von Vater, Sohn (vielleicht müssen wir auch hier nach nicht-maskulinen Begriffen suchen!) und Glaubenden und ihre gemeinsame Wandlungskraft im JETZT erhellt.

M 3 *Die vielen Wohnungen und die großen Werke*

1	Ermutigung und Appell an den Glauben *Euer Herz lasse sich nicht verwirren. Glaubt an Gott und glaubt an mich.*
2a	Aussagesatz über die vielen Wohnungen *Im Haus meines Vaters gibt es viele Wohnungen*
2b c	Beglaubigung durch das gegenseitige Vertrauen (vgl. 14,1) *Wenn es nicht so wäre, hätte ich euch dann gesagt: Ich gehe, um einen Platz für euch vorzubereiten?*
3 4	Der «Fahrplan» der Erlösung, Bezug zum Wissen der Zuhörenden *Wenn ich gegangen bin und einen Platz für euch vorbereitet habe, komme ich und werde euch zu mir holen, damit auch ihr dort seid, wo ich bin. Und wohin ich gehe – den Weg dorthin kennt ihr.*
5	Einwand 1: Orientierungslosigkeit *Thomas sagte zu ihm: Herr, wir wissen nicht, wohin du gehst. Wie sollen wir dann den Weg kennen?*
6 7	Wegerklärung Jesu mit Wegweisern der Erkenntnis *Jesus sagte: Ich bin der Weg, die Wahrheit und das Leben; niemand kommt zum Vater außer durch mich. Wenn ihr mich erkannt habt, werdet ihr meinen Vater erkennen. Schon jetzt kennt ihr ihn und habt ihn gesehen.*
8 9	Einwand 2 und Vorwurf *Philippus sagte zu ihm: Herr, zeig uns den Vater; das genügt uns. Jesus antwortete: So lange bin ich bei euch, und du hast mich nicht erkannt, Philippus? Wer mich gesehen hat, hat den Vater gesehen. Wie kannst du sagen: Zeig uns den Vater?*
10	Frage nach dem Glauben an die Grundeinheit Vater-Sohn *Glaubst du nicht, dass ich im Vater bin und dass der Vater in mir ist? Die Worte, die ich zu euch sage, habe ich nicht aus mir selbst. Der Vater, der in mir bleibt, vollbringt seine Werke.*
11	Bitte um den Glauben, Hilfe über das Sichtbare (die Werke) *Glaubt mir doch, dass ich im Vater bin und der Vater in mir ist; wenn nicht, glaubt wenigstens aufgrund der Werke!*
12	Appell: Sich einbezogen wissen und auf große Werke einstellen *Amen, amen, ich sage euch, Wer an mich glaubt, wird die Werke, die ich vollbringe, auch vollbringen, und er wird noch größere vollbringen, denn ich gehe zum Vater.*
13 14	Versprechen *Alles, um was ihr in meinem Namen bittet, werde ich tun, damit der Vater im Sohn verherrlicht wird.* *Wenn ihr mich um etwas in meinem Namen bittet, werde ich es tun.*

8 Frühstück am Morgen (Joh 21,1-14): Nachwort und Einladung

Ein Weg durch das Johannesevangelium ist an sein Ende gekommen. Die Jünger und Jüngerinnen sind wieder zu Hause, bei ihrer gewohnten Tätigkeit. Sie fischen. In allen Evangelien geht es nach Hause. Dort finden die meisten Begegnungen mit dem Auferstandenen statt.
Die letzte Wandlungseinheit haben wir anders gestaltet als die anderen. Wir schlagen vor, in der Einladung zum Kurs ein Treffen anzukündigen, das einen Monat nach der letzten Zusammenkunft stattfindet. Im Gespräch mit dem Auferstehungstext kann die Gruppe, können die Einzelnen der Frage nachgehen, wie und wo sich die Lebenswünsche und Wandlungshoffnungen im Alltag zeigen. Gruppe und Leitung können unterstützen, wenn jemand auf der Suche nach einem Ausdruck der Wandlungskraft im eigenen Leben sucht.
Im Zentrum steht das Mahl. Es wird im gemeinsamen Segnen und Essen gewandelt. Wenn Menschen im Alltag oft fischen und nichts fangen, braucht es Mut, ans Ufer zu schauen, einen merkwürdigen Ratschlag zu befolgen und ein überraschendes Frühstück zu erwarten. Es muss ja nicht immer Brot und Fisch sein. Aber vielleicht treffen wir uns zu Brot und Kaffee am Morgen oder zu Kartoffeln, Wein und Käse am Abend und reden über den Alltag und die Momente, die ihn durchsichtig machen für das, was uns und die ganze Erde trägt.

Dauer	*Inhalt und Vorgehen*	*Material*
	***wahrnehmen und loslassen*:** **Rückkehr in den Alltag**	
5'	Begrüßung und Einführung	Mitte (Brot, Wein, Oliven, Käse …), Papierfische, Gong
5'	Aufstehen im Kreis Aus der Stille ein Wort kommen lassen und dieses laut sagen Aus der eigenen Mitte heraus die Augen öffnen, so die Menschen im Kreis wahrnehmen, den Kontakt mit Verneigung beenden	
15'	Geführte Betrachtung: Sitzen, atmen und die Zeit seit dem letzten Mal Revue passieren lassen Am Ende zwei Fragen stellen: Ein wesentlicher	Fragen auf Flip-

	Moment im Alltag, der mich berührt hat? Wie bin ich jetzt da? Austausch im Plenum	Chart notieren
	***einlassen und erproben*:** **Die Begegnung mit dem Auferstandenen**	
10′	Stille. Die Tn bitten, zum Hören des Textes die Augen zu schließen. Dann Joh 21, 1-14 vorlesen. Bei Vers 21,2 alle Namen der Tn einsetzen. Die Tn wiederholen (immer noch mit geschlossenen Augen) ein Wort oder einen Satz aus dem Text	
15'	Augen öffnen, jede/r sucht für sich einen Platz im Raum und hört eine Nacherzählung des Textes: Sich mühen (um Fischfang) und überraschende Begegnung mit dem Auferstandenen. Einen Papierfisch aussuchen und eine eigene Auferstehungsbegegnung aufschreiben (sie kann aktuell sein oder weit zurückliegen)	Papierfische, Bleistifte
2'	Die Papierfische in die Mitte zu Brot, Käse und Wein legen	
	***begrüßen und zulassen*:** **Das Wort wird Fleisch**	
20′	Austausch und Bekräftigung: Was will in meinem Leben Fleisch werden? Lied	Frage auf Flip-Chart
50′	Feiern, Essen und Trinken, gemeinsames Ende: Jede/r nimmt seinen/ihren Fisch aus der Mitte mit nach Hause und einen unbeschriebenen Fisch für zukünftige Auferstehungsbegegnungen, Verabschiedung mit Gong und Verneigung	Gong, Teilete (=Mitbringbüfett)

Kommentar und Abschied

Der Alltag ist wieder eingekehrt. Die Gruppe trifft sich zum letzten Mal. Es gilt, den Abschied zu gestalten. Wir wünschen den Teilnehmenden und den LeserInnen, dass das schöpferische Wort in ihrem Leben Fleisch wird. Unsere Alltagsaufgaben (Fischfang) sind Orte der Wandlung. Da können wir dem Auferstandenen begegnen. Unsere eigenen Begegnungsgeschichten können – geschärft an den alten Erzählungen – klären und nähren. Wir essen, trinken und feiern ein Fest. In der Schweiz heißen Essen, zu denen alle etwas mitbringen, «Teilete». Meistens funktioniert es ohne Absprachen. Jemand backt ein Brot, eine nimmt geräucherten Fisch, jemand anders Käse oder Oliven mit. Für Wasser und Wein sorgt die Leitung. Die Auseinandersetzung mit dem Text wird eher zurücktreten, damit viel Zeit bleibt, die Erfahrung der Auferstehung mitten im Alltag zu feiern. Deshalb sollen hier einige kurze Hinweise zum Text genügen:

Informationen zu Joh 21,1-14

Kap. 21 wurde später angefügt, aber mit dem Evangelium gut verknüpft. Die Geschichte wird als dritte Offenbarung des Auferstandenen eingeführt. Die Zahl sieben (Zeichen und Ich-bin-Worte) symbolisiert die Fülle und Ganzheit. Die sieben Jünger, die vergebens fischen, stehen für die ganze Frustration. Die Zahl drei ist die Zahl der Wandlung und Verbindung. Einem Satz (einer These) steht ein Gegen-Satz (eine Antithese) gegenüber. Wenn die Wandlung gelingt, entsteht aus den beiden ein neuer, verbindender Satz (Synthese). Aus zwei Eltern entsteht ein Kind. Bert Brecht besingt in seinem Gedicht «Lob der dritten Sache» die Kraft, die Mutter und Sohn wirklich eint.[25]
Die dritte Begegnung mit dem Auferstandenen findet im Alltag statt, beim Fischen. Jesus fragt die Arbeitenden nach dem *prosphagion*. Das ist das, was auf das Brot kommt, eben: der Fisch. Wir würden vielleicht sagen, die Butter auf das Brot. Es ist das, was über das Allernotwendigste hinaus dem Leben Geschmack und Nährstoffe gibt. Jesus fragt nach dem, was wirklich nährt. Und die Jünger geben zu, dass ihre Hände leer sind. Die rechte Seite ist im Orient die Glücksseite. Sie sollen tun, was sie immer schon getan haben, aber es von der gesegneten Seite angehen. Für die Zahl 153 gibt es nur Spekulationen, aber keine einleuchtenden Erklärungen. Dass Jesus jedoch zum Mahl mit Brot und Fisch (und nicht Brot und Wein) lädt, ist auf verschiedenen Ebenen einsichtig: Die Arbeit dieser sieben Leute war eben das Fischen, also gibt es im Alltag Fische. Was gibt es bei uns? Fische galten in der Antike als Speise der Heilung (vgl. das Buch Tobit!) und Unsterblichkeit.
Auch in unseren Alltagen gibt es Gegenstände und Erfahrungen, die uns heilen und – über den Tod hinaus – mit dem Leben verbinden, radikal politisch und sehr konkret. Im Alltag, besonders im gemeinsamen Essen, schaffen und bewohnen wir Räume, in denen unsere großen Lebenswünsche Fleisch werden. JETZT

[25] Die Gedichte von Bertolt BRECHT in einem Band, Suhrkamp Verlag, Frankfurt a. M. [4]1986, 1159.

Zitierte und weiterführende Literatur

Exegetische und bibeltheologische Literatur zum Johannesevangelium

BEIRNE, Margaret M., Women and Men in the Fourth Gospel (JSNT.SS 242), New York 2003.
BECKER, Jürgen, Johanneisches Christentum. Seine Geschichte und Theologie im Überblick, Tübingen 2004.
BIBEL UND KIRCHE 59 (3/2004): Das Johannesevangelium.
GRÜN, Anselm, Jesus - Tür zum Leben. Das Evangelium des Johannes, Stuttgart/Zürich 2002.
HINKELAMMERT, Franz J., Der Schrei des Subjekts. Vom Welttheater des Johannesevangeliums zu den Hundejahren der Globalisierung, Luzern 2001.
Katholisches Bibelwerk e.V. (Hg.), Johannes entdecken. Lese- und Arbeitsbuch zum Johannesevangelium, Stuttgart 1998.
KÜGLER, Joachim, Der andere König. Religionsgeschichtliche Perspektive auf die Christologie des Johannesevangeliums (SBS 178), Stuttgart 1999.
REINHARTZ, Adele, Befriending the Beloved Disciple. A Jewish Reading of the Gospel of John, New York/London 2001.
SCHENKE, Ludger, Johannes: Kommentar, Düsseldorf 1998.
WENGST, Klaus, Bedrängte Gemeinde und verherrlichter Christus. Ein Versuch über das Johannesevangelium, München ³1990.
WENGST, Klaus, Das Johannesevangelium, 2 Bde (ThK NT 4,1.2), Stuttgart u. a. 2000.2001.
WILCKENS, Ulrich, Das Evangelium nach Johannes (NTD 4), Göttingen 1998.

Zur Methode

BAATZ, Ursula, Hugo Enomiya-Lasalle. Ein Leben zwischen den Welten. Biographie, Zürich/Düsseldorf 1998.
BÖSCH, Jakob, Spirituelles Heilen und Schulmedizin. Eine Wissenschaft am Neuanfang, Bern 2002.
FRANCIA, Luisa, Die Magie des Ankommens. Ein spirituelles Reisebuch zur Entdeckung starker Orte, München 2000.
SALZBERG, Sharon, Geborgen im Sein. Die Kraft der Metta-Meditationen, Frankfurt a. M. 1999.
SCHAUMBERGER, Christine / SCHOTTROFF, Luise, Schuld und Macht. Studien zu einer feministischen Befreiungstheologie, München 1988.
SCHOTTROFF, Luise, Die Samaritanerin am Brunnen, in: Jost, Renate u.a. (Hgg.), Auf Israel hören. Sozialgeschichtliche Bibelauslegung, Luzern 1992, 115-132.
SÖLLE, Dorothee, Mystik und Widerstand. «Du stilles Geschrei», Hamburg 1997.
STEFFENSKY, Fulbert, Rituale als Lebensinszenierungen, in: Michael Wermke (Hg.), Rituale und Inszenierungen in Schule und Unterricht, Münster u. a. 2000, 101-109.
SURMUND, Heinz-Georg, Spiritualität, in: Affolderbach, Martin / Steinkamp, Hermann (Hg.), Kirchliche Jugendarbeit in Grundbegriffen. Stichworte zu einer ökumenischen Bilanz, München 1985, 340-358.
THICH Nath Hanh, Schlüssel zum Zen. Der Weg zu einem achtsamen Leben, Freiburg/Basel/Wien 1997.
VOGELSANGER, Cornelia, Chaos und Ordnung im Ritual – Eine heilsame Polarität, in: Welter-Enderlin, Rosmarie / Hildenbrand, Bruno (Hg.), Rituale. Vielfalt in Alltag und Therapie, Heidelberg 2002, 39-53.

Der Autor und die Autorin

Regula Grünenfelder, geboren 1965, Dr. theol., langjährige Erfahrung in biblischer Erwachsenenbildung, zahlreiche Engagements und Publikationen zu feministischer Bibelwissenschaft, Friedensarbeit und Spiritualität, Dozentin für Neues Testament am Religionspädagogischen Institut der Universität Luzern.

Bernd Lenfers Grünenfelder, geboren 1962, Studium des Bibliothekswesens und der Katholischen Theologie, Pfarreileiter in Greppen am Vierwaldstättersee, seelsorglicher Wegbegleiter und Zen-Schüler, langjährige Praxis und Erfahrung in Jugend-, Männerarbeit und Erwachsenenbildung.

Die beiden sind miteinander verheiratet und Eltern von zwei Kindern. Sie leben in Greppen und teilen sich die Familien- und Erwerbsarbeit.